CW00481032

Les trois monothéismes
Origine divine ou supercherie ?

Jean-Pierre Demol

Les trois monothéismes
Origine divine ou supercherie ?
Essai

LE LYS BLEU
ÉDITIONS

© Lys Bleu Éditions – Jean-Pierre Demol

ISBN : 979-10-377-4835-5

Préface

J'ai, je dois le reconnaître, d'abord été incroyant à l'idée que Jean-Pierre puisse finaliser pareil projet de création d'un livre à propos de religions en général et du Christianisme, en particulier. Ma défiance – le mot est faible – vis-à-vis des dogmes en général est telle qu'il m'est tout de suite venu à l'esprit que tel essai ne pourrait que s'avérer ennuyeux, voire soporifique. Or, il n'en est rien ! Jean-Pierre Demol a réussi à surfer sans peine sur cette impressionnante vague de religiosité qui, depuis toujours, s'abat sur l'humain avec plus ou moins de force, en fonction des époques et des civilisations. Au fil des pages de ce petit livre, il nous fait voyager dans le temps, sans que jamais, ce ne soit accablant ou lassant. Son propos est juste instructif et passionnant tout en suscitant le questionnement. C'est également une œuvre sans parti-pris, sa glose n'étant que le résultat d'une observation curieuse et impartiale des faits et non pas, la conséquence d'une éducation reçue. Ce livre vous surprendra, sans doute, tout autant qu'il m'a surpris, moi-même. Il vous montrera combien un tel sujet de réflexion peut être, également, récréatif. Toutes mes félicitations, Jean-Pierre.

Philippe Nicolas, *Auteur-romancier*

Les religions, véritables énigmes divines ou supercheries ?
Introduction

À l'heure où j'écris ces lignes, je suis un homme de 67 ans et, bien qu'élevé dans la religion catholique ; successivement enfant de chœur, louveteau et scout catholique, ayant suivi des cours de catéchisme et fait mes communions, dès l'âge de 12 - 13 ans, je me suis posé des questions. Très tôt, grâce à mes parents férus de littérature, j'ai été amené à lire autre chose que des bandes dessinées, et à 12 ans, je lisais déjà Victor Hugo, Alexandre Dumas, et bien d'autres auteurs. Vers mes 14 ans, après avoir été passionné par les aventures de Michel Strogov, d'Arsène Lupin, de Rocambole ou de Rouletabille, j'ai commencé à lire les grandes œuvres littéraires de la bibliothèque de mes parents.

Et bien sûr, la Bible.

Plutôt éveillé pour mon âge et pour l'époque, très vite des passages de la Bible m'ont semblé incohérents, et j'ai commencé à poser des questions au prêtre de mon unité scout. Mais, ses réponses ne me satisfaisaient pas, trop enrobées de métaphores, de paraboles bibliques, de « les voies du Seigneur sont impénétrables ». Rien qui puisse répondre clairement à mes questions.

Et j'ai donc basculé très vite dans l'athéisme le plus profond.

Mon père, également athée, me conseilla alors de lire quelques ouvrages sur les sciences et leurs découvertes, ce qui très vite m'a passionné, et je lis encore aujourd'hui, ce genre de littérature. Malheureusement, les aléas de la vie ont fait qu'après avoir terminé mes études secondaires supérieures générales, il m'a fallu travailler. J'ai bien encore suivi des cours du soir pendant deux ans, mais, travail, école du soir plus devoirs et exubérance de la jeunesse, faisant très mauvais ménage, j'ai donc abandonné mes études orientées vers l'histoire.

Toujours aussi féru de lecture, je suis donc devenu un « autodidacte », et cela a fait de moi aujourd'hui, ce que j'ai choisi d'appeler, « athée-scientiste ».

Au début des années 1990, j'étais étonné de voir qu'à la fin du XXᵉ siècle, en dépit des avancées scientifiques en des matières aussi variées que la physique, la cosmologie, la médecine, la biologie et la biologie moléculaire, la génétique, la géologie et surtout, de certaines découvertes archéologiques, tant de monde sur la Terre, croyait encore à un Dieu. Quel que fût le nom qu'on attribua à ces croyances ; Christianisme, Islam, Bouddhisme, Judaïsme, et bien d'autres, encore. J'ai ainsi voulu en savoir plus et j'ai donc relu la Bible, puis le Coran. Étape par étape, j'ai fait des recherches sur les événements narrés, sur les personnages cités, sur les lieux. Ces recherches m'ont amené à m'intéresser aux mythologies, curieusement liées aux trois monothéismes. J'ai donc été poussé à faire des comparaisons entre différents récits mythologiques et religieux, mais aussi entre divers postulats scientifiques, expliquant la création du monde, des astres et des planètes ou la vie sur terre. Et enfin, sur l'histoire narrée par des scribes ou chroniqueurs contemporains aux époques citées dans les livres sacrés. C'est ce qui m'a donné envie, après plus de 25 ans de recherches, d'écrire ce livre. Je pense disposer de suffisamment de documentation pour commettre un essai sur la Bible et sur le Coran. Mais, avant, j'ai voulu faire un condensé de divers éléments qui incitent à se poser des questions sur la ou les réalités des religions dites « monothéistes », le Judaïsme, le Christianisme et l'Islam.

Chapitre I
Les monothéismes antiques

Le Zoroastrisme

Contrairement à l'idée reçue qui pose le judaïsme en un monothéisme existant depuis Adam et Ève ou Abraham, d'autres « Dieu unique » ont été vénérés, et bien avant la monothéisation du judaïsme. Deux mille ans environ av. J.-C., les Perses adoraient une divinité unique, « Ahura Mazda ». Cette religion a aussi son livre sacré, « l'Avesta », qui à l'origine aurait été composé de 21 livres. Seul un quart de cette œuvre littéraire nous est parvenue, et représente quand même un millier de pages. L'histoire nous dit que les parties disparues ont été pour la plupart, détruites par l'incendie de la bibliothèque de Persépolis (ancienne capitale de la Perse achéménide), lors des invasions arabo-musulmanes vers la fin du VIIe siècle. Plusieurs historiens, égyptologues et archéologues, tels Karl

Friedrich Geldner, Guy Rachet, Jean Kelens ou encore J-C Skjaervo, pour ne citer qu'eux, se sont chargé des traductions et des datations des textes. Vers le XIᵉ siècle av. J.-C., un prêtre mazdéen du nom de Zarathushtra ou Zoroastre selon la langue ou patois, eut des visions à l'occasion desquelles, lui apparaissait le Dieu Ahura Mazda. Zoroastre, devenu prophète, réforma le culte mazdéen. Il supprima par exemple, les sacrifices d'animaux, jugés cruels, ou encore condamna la consommation de boissons enivrantes. Il créa ainsi le culte mieux connu sous l'appellation de « zoroastrisme », confirmant toujours Ahura Mazda en tant que Dieu unique. Il y aurait encore de nos jours, environ 20 000 zoroastriens dans le monde. Le zoroastrisme faisait partie des cultes pratiqués à Babylone, lors de l'exil des Israélites au VIᵉ siècle avant J.-C. (nous verrons plus loin, pourquoi je signale ce fait).

Le culte d'Aton

En Égypte pharaonique, vers 1400 av. J.-C., les pharaons Thoutmôsis IV et Amenhotep III développent le culte du Dieu Aton, érigé en culte unique par le pharaon Amenhotep IV, appelé aussi « Akhenaton », vers 1340 avant J-C. Selon ce dogme nouveau, Aton est « le père et la mère de toute création », et il est représenté sous les traits d'un

14

homme divin à tête de faucon, surmontée du disque solaire, rappelant étrangement l'auréole des saints chrétiens. Aton est aussi symbolisé par le Soleil, dont les rayons sont terminés par des mains. Deux prières principales lui étaient dédiées, le Grand Hymne et le Petit Hymne à Aton (les textes de ces hymnes en hiéroglyphes, ont été trouvés et déchiffrés par les archéologues sur une stèle d'Armana (Haute-Égypte). Sous le règne de Toutankhamon quelques années plus tard, vers 1320 av. J.-C., le culte d'Aton tomba dans l'oubli, c'est le culte du roi des Dieux, Amon, qui reprit sa place. Le culte d'Aton fut donc un monothéisme éphémère. Plus tard, Sigmund Freud qui s'intéressait aux religions monothéistes affirma que le culte d'Aton aurait permis l'élaboration du monothéisme judaïque, au retour du peuple Israélite de l'exil de Babylone, au Ve siècle avant J-C. Le culte d'Aton était, en effet, connu et parfois suivi par les Égyptiens résidents de cette cité.

Le mithraïsme

Le mithraïsme est un monothéisme apparu en Perse vers le deuxième siècle av. J.-C. qui s'est ensuite propagé dans le monde gréco-romain d'une façon un peu inégale. Son expansion la plus remarquable se constate au début de l'ère chrétienne. Les deux cultes se développeront donc, quasi en même temps, mais n'auront pas le même succès. Selon certains textes aujourd'hui traduits, le Dieu Mithra serait né de lui-même, d'une pierre ou d'un rocher. Il existe à ce sujet un récit mythique mettant en scène une source sacrée, un arbre sacré, un taureau primordial sacrifié dans le but de créer des animaux utiles à l'homme. De ses entrailles sort du blé, tandis que son sang, lui, coule en vin... On ne sait toujours pas avec certitude, comment ce monothéisme est arrivé à Rome, selon certaines sources, le culte de Mithra était essentiellement pratiqué par des légionnaires et des soldats ayant combattu aux frontières orientales de l'Empire Romain.

Le mithraïsme est cité pour la première fois par le biographe et philosophe Plutarque, dans les années 70, dans son ouvrage « La vie de Pompée ». Ce culte est aussi cité par l'écrivain-poète, Publius Papinius Statius, dit « Stace », dans son œuvre « Thébaïde » en 80. Vers la fin du IIe siècle, le mithraïsme est assez largement diffusé dans l'armée romaine, et est aussi pratiqué chez les marchands, les bureaucrates, et même chez certains esclaves. L'empereur Commode, qui régna entre 180 et 192, s'était initié au mithraïsme. Et enfin, au IVe siècle, vers 390, lui-même chrétien, l'empereur Théodose 1er, ne tolérant plus le mithraïsme, en interdit formellement le culte dès 391, et impose le christianisme comme religion. Les adeptes de Mithra pratiquèrent alors leur culte

16

clandestinement et furent persécutés par les chrétiens, surtout. Ce fait historique avéré est étrangement très peu rapporté, voire pas du tout par les chrétiens dans leurs textes « historiques ». In fine, la persécution des mithraïstes ressemble étrangement à celle des chrétiens, narrée, elle, dans leurs écritures…

Chapitre II
Les monothéismes abrahamiques

Histoire du Judaïsme (par l'histoire, l'archéologie, la paléographie, etc.)

En préambule, il faut d'abord savoir qu'à la fin du XIXe siècle, pour se rapprocher, un tant soit peu, des découvertes scientifiques de l'archéologie et de l'égyptologie, le judaïsme et l'Église catholique ont développé « l'archéologie biblique ». Au début, les fouilles étaient menées par des chercheurs croyants, proches du clergé, dont le but était de vérifier sur le terrain l'exactitude des récits bibliques. Le problème était que ces archéologues croyants fouillaient une pelle à la main et une Bible dans l'autre. Cette méthode, très peu scientifique, avait induit des résultats favorables à la croyance en faisant concorder ce que rapporte la Bible à leurs recherches. Cela ne tenait évidemment pas compte des réalités rencontrées sur le terrain des fouilles, toujours mises sur le côté car dangereuses pour le dogme.

Les années 1970 génèrent une évolution en la matière. L'archéologie non dogmatique fait appel à diverses sciences pour la seconder et certifier ses découvertes : épigraphie, paléographie, philologie, physique et autres techniques physico-chimiques, pour par exemple, les datations. Et ainsi, les conclusions de cette archéologie beaucoup plus scientifique ont pointé du doigt les manquements de l'archéologie « dogmatique », en mettant en évidence des erreurs parfois graves, dues à une pratique corrompue par le dogme religieux, qui n'ont pour but que de renforcer la croyance en des mythes et erreurs historiques. De nos jours, il s'avère que grâce à une archéologie moderne et scientifique et à l'égyptologie, il est démontré, que la vérité ou l'exactitude historique ne se trouve pas du côté des glossateurs bibliques. Aujourd'hui, en ce domaine, le monde scientifique en son ensemble sait pertinemment bien, qu'une source écrite peut parfois parler pour ne rien dire, ou pour donner une version erronée de la réalité, tandis que les méthodes purement scientifiques, précises, analysées, réétudiées, comparées, permettent de révéler les réalités historiques du passé. Il est indéniable aujourd'hui que c'est avec le concours de l'archéologie, de l'égyptologie et d'autres disciplines scientifiques, que les historiens progressent dans leur compréhension du passé. Nous allons d'abord considérer l'histoire des premiers Israélites, puisqu'après le zoroastrisme, le culte de Mithra et celui d'Aton, le judaïsme fut en quelque sorte le quatrième monothéisme. Il faut déjà savoir qu'après-près de deux siècles de fouilles archéologiques, nous ne retrouvons aucune trace d'une communauté juive en Égypte avant l'exil babylonien des élites juives vers 580 avant J-C. La plus ancienne trace d'une communauté judéenne en Égypte est tardive et se situe dans l'île d'Éléphantine (près d'Assouan sur le Nil). Les documents trouvés tels que tablettes et papyrus concernant cette communauté juive d'Éléphantine couvrent une période de 495 av. J.-C. à 399 avant J-C. Celle-ci disparut, ensuite. Les papyrus sont rédigés en araméen, et racontent la vie de cette communauté, qui servait en tant que contingent militaire au service du pharaon Apriès, roi de la XXVIe dynastie. Ces Juifs servaient de gardes-frontière affectés dans le sud de l'Égypte ; étaient rémunérés et pouvaient vivre avec leurs familles sur l'île. Premier fait marquant, ces Juifs vénéraient en tant que divinité principale le dieu Yahweh, mais ils adoraient également d'autres dieux, dont un masculin, « Khnoum », dieu bélier protecteur des enfants à naître et cette déesse « Ashéra », que l'on retrouve dans d'autres croyances de ces régions. Dans toutes les découvertes archéologiques et égyptologiques qui permettent de retracer une grosse partie de l'histoire pharaonique égyptienne depuis la première dynastie aux dernières ptolémaïques, il n'est nulle part rapporté l'existence d'une population israélite importante comme décrite dans la Bible. Nulle part, il n'est question de « captifs » aux mains de deux pharaons inconnus pendant la période dite de Moïse, alors que les noms de tous les rois d'Égypte pharaonique sont connus.

Et aussi, remarque importante, aucun pharaon n'est rapporté mort noyé avec ses troupes, et, à fortiori, nulle part dans l'histoire égyptienne, il n'est fait mention de la mer qui s'ouvre et qui se referme sur un roi et ses troupes. Aucune trace non plus d'une importante communauté (600000 hommes de pied selon la Bible, dont en plus les femmes, les enfants, le bétail, les chariots) qui aurait quitté l'Égypte par « Pi-Ramsès » et traversé le Sinaï pendant 40 ans. Aucune trace non plus d'un Moïse, « sauvé des eaux » et élevé par la fille du pharaon. Toutes les archives égyptiennes découvertes démontrent que l'esclavage, sensu stricto, n'existait pas. Il existait bien des « corvées » au bénéfice de l'État, une sorte de service militaire, pour d'autres fonctions mais, pas d'esclavagisme. Les bâtisseurs de palais, monuments ou pyramides, étaient des travailleurs qui recevaient des logements individuels (mis au jour par des archéologues), ils avaient un droit de grève, et un droit d'ester en justice comme défendeur ou demandeur. Cela n'a vraiment rien à voir avec l'esclavage… Certains tenants de ce qui s'avère plutôt être une légende soigneusement peaufinée et entretenue prennent pour justification supposée prouver leurs allégations. Il s'agit de la « Stèle de Mérenptah », sur laquelle, à la 26e ligne, il est écrit en hiéroglyphe : « Israël est dévasté, sa semence n'est plus ».

Donc, selon eux, cette stèle attesterait de la présence d'un « Israël » en Canaan vers 1200 avant J-C. Or, fort étonnamment, cet « Israël » n'est alors plus mentionné avant 850 avant J-C. Sur une autre stèle découverte au XIXe siècle sur le site de Dibon en Jordanie ; la stèle dite de « Mesha » où l'on peut lire : « Omri fut roi d'Israël et opprima Moab pendant de longs jours… » Cette histoire est d'ailleurs reprise dans la Bible hébraïque, mais dans des termes différents (II Rois 3 : 4-27). Et, en guise d'anecdote, il est à noter que sur les sites archéologiques cananéens de l'époque dite « israélite », au nord comme au sud, des objets de cultes divers furent exhumés : on y retrouve la fameuse déesse Ashéra, des déesses de fertilité, des représentations animales tel le taureau, qui représentait le grand dieu Baal. À Canaan, le culte de Yahweh n'apparaîtra que plus tard.

En 1928, deux archéologues français, Claude-Frédéric-Armand Schaeffer, René Dussaud et leur équipe, découvrent une nécropole sur le site de Ras-Shamra, à 11 km de l'Attaquié en Syrie. C'est une cité Ougarit dont l'origine remonte à plus de 1500 ans avant J-C. Les archéologues y ont trouvé toute une collection de tablettes gravées en écriture Ougarit cunéiforme. D'autres tablettes trouvées dans une ville voisine d'Ebla parlent de cette ville et celles-ci sont datées de 1800 ans avant J-C. Grâce à ces tablettes, nous savons que ces deux cités étaient sous domination égyptienne, et des textes trouvés sont écrits aussi dans une des quatre langues de la région : sumérienne, akkadienne, hourrite et ougaritique. L'analyse approfondie de ces tablettes montre qu'Ougarit et Israël partageaient un patrimoine littéraire, linguistique et religieux. C'est aussi grâce à ces textes que l'histoire dispose d'une meilleure connaissance de la région de l'ancienne Palestine-Syrie et de Canaan. Les textes ougaritiques présentent un avantage par rapport à la Bible hébraïque du début du judaïsme monothéiste : ils sont datables avec précision, alors que les textes bibliques concernant cette période n'ont été écrits que lors de l'exil des élites juives à Babylone au VIe siècle avant notre ère.

Ainsi, et preuves à l'appui, les découvertes archéologiques montrent que la Bible hébraïque ou même la « Torah » n'ont pas plus de 2500 ans environ. Il est clair également, que les textes découverts à Ougarit, sont plus proches de la réalité historique que les textes bibliques où l'on recense parfois, des erreurs géographiques. Il est donc erreur fondamentale que de croire que la Bible hébraïque aurait été écrite par Moïse, 1200 ans avant J-C. Pas plus, il n'est indiqué de croire qu'après avoir imposé le dieu Yahweh comme dieu unique et tout-puissant aux Israélites, ce peuple et ses royaumes successifs auraient dominé tout le Proche-Orient, à l'instar des monarchies de David et de son fils Salomon. Selon certaines sources, 1000 ans av. J.-C., les scribes israélites aux ordres de leurs prêtres et élites, avaient développé un prosélytisme en faveur du dieu Yahweh et de ses légendes à destination des peuples de la région. La découverte d'Ougarit et d'autres textes, ensuite, ont permis de mettre en lumière une autre réalité.

En 1997, l'archéologue Jean-Baptiste Humbert dit : « la découverte d'une autre littérature cananéenne à Ougarit, autre que la Bible, a jeté un éclairage éblouissant sur une région proche de l'Israël ancien. De nombreuses idées furent bousculées. La célèbre ville de Jérusalem n'était qu'un pâté de maisons, et les temples dédiés à Yahweh avaient la taille d'une simple sacristie. En réalité, Israël se révélait être une province reculée, le plus souvent sous l'influence de puissants voisins. Ces petits peuples étaient enclins à imiter les arts, les mœurs et les croyances de leurs voisins. »

Mais revenons à la civilisation Ougarit : la religion ougaritique était polythéiste, le dieu principal était « El », le roi des dieux. Il avait une épouse du nom d'Ashéra (qui dans d'autres croyances, fut aussi la compagne de Yahweh). Deux de leurs 60 fils, Baal, le dieu du tonnerre, et Yam ou Yaw, le dieu des mers et des rivières, se disputaient souvent. La déesse-mère Ashéra devint dans cette mythologie, également l'épouse de Yam-Yaw. Et c'est dans une tablette d'Ougarit (Tablette KTU 1.1 IV 14), où l'on trouve pour la première fois le terme « YW » (soit Yahwé). Sur cette tablette, il est écrit : « sm.bny.yw.ilt » (le nom du fils de Dieu Yahwé). Donc, pour les Ougarit, Yahwé était considéré comme l'un des fils de EL. Parmi les enfants divins de El, on trouve Ashtarté, Anat, Reshef, Shapshu (déesse du soleil), Yerak (dieu de la lune), Kothar wa-hasis, le serviteur attitré de la famille divine, et des serviteurs appelés « malakhim » en hébreu, que la Bible appelle « les anges »… L'humanité se dit « adm » en ougaritique, et ce mot évoque le mot hébreu « Adam », qui désigne le premier homme de la Bible. Il y a ainsi, avec l'utilisation de divers personnages ou expressions, un jeu de mots étymologique pour la traduction biblique. L'épigraphiste, philologue et historien André Lemaire écrit dans son étude : « les tablettes d'Ougarit du XIIIe siècle av. J.-C., rédigées dans une langue proche du phénicien et de l'hébreu ancien, ont des échos dans les textes les plus anciens de la Bible, qui évoquent le grand dieu El, ou le jeune dieu Baal, voir encore, un certain "Yahweh", qui siégeait dans l'assemblée divine (Psaumes 29, 1 : 89 - 6 : 13 ou Job 1, 6 : 2, 1). Il semble donc évident que les Israélites de cette époque aient pratiqué une variante de la religion Ougarite appelée aussi parfois "yahvéisme". Et à cette époque, Yahweh n'est pas le dieu unique, puisque mentionné comme membre d'un panthéon, d'une assemblée de dieux et déesses. Et comme dit plus haut, Yahweh est cité quelques fois aux côtés de la déesse Ashéra. Ce polythéisme semble avoir duré assez longtemps, car d'autres inscriptions, comme celles de De Kuntillet h'Ajrud et de Khirbet-el-Qôm, datées entre 802 et 776 av. J.-C., lors des règnes d'Amasias de Juda et de Joas d'Israël, montrent encore cette association entre Yahweh et la déesse Ashéra. Plus tard encore, les papyrus d'Éléphantine gardent également des traces de cette déesse associée ou compagne de Yahweh. Il est donc évident, qu'après le retour de Babylone au VIe siècle av. J.-C., le dieu "El" cananéen et Ougarit, fut identifié à Yahweh sous sa forme plurielle "d'Élohim", et Ashéra fut rejetée pour faire de Yahweh un dieu unique. Mieux encore, le célèbre archéologue israélien Amihai Mazar, a trouvé dans les collines du nord de Canaan, un écrit qui explique que "le taureau est le symbole du dieu Baal, un des dieux principaux

26

cananéens, et que 'El' est le maître des dieux dans le panthéon cananéen." Et tout n'est pas effacé de l'ancien polythéisme israélite, car on peut aussi lire dans la Bible au Psaume 82 (ou 81 selon la numérotation grecque) au verset 1 : [Psaume d'Asaph] Dieu se tient dans l'assemblée de Dieux ; Il juge au milieu des Dieux. » Au verset 6 : « J'avais dit : vous êtes des Dieux, vous êtes tous des fils du Très-Haut. » (Le « Très-Haut étant « El » qui fut identifié ensuite à Yahweh). Les « yawéistes » ont ainsi fusionné deux entités en une seule, « Yahweh/Élohim » (Élohim étant le pluriel de El). Le culte d'Ashéra fut critiqué et abandonné, et le roi Josias interdit de vénérer d'autres dieux, Yahweh restant le dieu unique. Mais malgré cela, ils n'ont pu cacher les traces de polythéisme du judaïsme, car la dévotion à Yahweh fait de lui le roi divin qui « règne sur toutes les autres divinités ».

Et c'est ainsi que l'on peut lire dans la Bible hébraïque au Psaume 29 : 2, que « les fils de Dieu sont appelés à adorer Yahweh, le roi divin ». Dans Ezéchiel 8 : 10, le texte suggère aussi l'image du pouvoir royal de Yahweh sur les autres divinités. C'est donc ainsi, pour des raisons probablement politiques et de pouvoir, plus que religieuses, que lorsque les royaumes d'Israël et de Juda furent établis, Yahweh devint le dieu national : lorsqu'en 587 av. J.-C., ces royaumes furent détruits et que leurs édiles furent exilés à Babylone, les « yahwéistes » rencontrèrent les zoroastriens de Babylone, qui avaient un dieu unique, Mithra. Les historiens tels Firoze Dastur Kotwal, pensent que c'est sous leur influence, que les scribes hébreux, également traducteurs des textes zoroastriens anciens, sous les ordres des édiles juives, commencèrent à rédiger la Bible hébraïque, et nous verrons plus loin, que ces scribes ajouteront des légendes sumériennes et babyloniennes, qu'ils vont attribuer à l'histoire inventée du peuple hébreu et du monothéisme judaïque. Ils vont réussir à réinventer l'histoire de ce peuple, en faisant de sa religion, un monothéisme qui existerait depuis la création. Toutes ces histoires inventées et/ou adaptées vont former les premiers

textes, premiers livres de l'Ancien Testament. Les affirmations bibliques sont indémontrables, et à chaque nouvelle découverte archéologique, fût-ce, même par d'éminents archéologues israélites, ces affirmations sont fortement remises en question.

L'ancien Testament

Pour la Bible, Ancien et Nouveau Testament, il n'existe aucun manuscrit original, et les datations des textes ou événements que donnent les biblistes ne s'appuient que sur l'analyse du texte, du milieu où il a pris forme ainsi que des comparaisons avec d'autres textes de mêmes époques. Cela s'effectue par exemple avec les techniques de l'analyse rédactionnelle ou la philologie. C'est grâce à ces recherches scientifiques, que l'on peut être certain aujourd'hui, que la Bible fut rédigée par de nombreuses mains, qu'il y eut des adaptations, des réécritures, qui ont été compilées, reliées avec divers textes pour former ou tenter de former un tout cohérent. La Bible n'est donc plus, comme on le croyait avant, la parole de Dieu retranscrite, mais une compilation rédigée, selon les spécialistes, par au moins quarante rédacteurs à différentes époques, et s'étalant sur environ 1000 ans (Nouveau Testament compris). Ils maintiennent toutefois que l'ensemble de la Bible est inspiré par Dieu. Les premiers pseudo-historiens-biblistes ont établi une tradition. Celle-ci voudrait que Moïse soit l'auteur de la Torah, donc des cinq premiers livres de la Bible hébraïque (Pentateuque), que le roi David soit l'auteur des Psaumes ou encore que son fils, Salomon, soit l'auteur des Proverbes ou des Cantiques. Aujourd'hui, grâce à l'archéologie et les techniques scientifiques qu'elle utilise, tout cela est démenti. La plus ancienne trace d'un texte dit biblique fut trouvée dans une grotte funéraire sur la colline Ketev Hinnom, au sud-ouest de la Jérusalem antique, près de l'actuelle « Porte de Jaffa ». Ce sont deux plaques d'argent, probablement portées en amulettes autour du cou, sur lesquelles sont gravés deux textes en écriture paléo-hébraïque. Ce sont des formules de bénédiction, et un de ces textes ressemble assez fort à la bénédiction sacerdotale que l'on peut lire dans le Livre des Nombres VI : 24-26. Ce texte est daté du début du VIe siècle av. J.-C., alors que la Bible n'existait pas encore. Mais c'est donc le plus ancien fragment connu d'un texte biblique, ou repris par la Bible lors de son élaboration. Le mot « YHWH » y apparaît. Après ces fragments, l'autre texte le plus ancien fut trouvé parmi les manuscrits de la mer Morte à Qumran, au moins cinq siècles plus récents que ces amulettes. Il s'agit d'un rouleau contenant les Livres de Samuel, datant de la fin du IIIe siècle avant J-C. Grâce à l'archéologie toujours, on sait que les textes bibliques furent écrits bien après les événements qu'ils relatent. Ainsi, en aucune façon, la Bible ne peut être considérée comme un témoignage historique fiable. Pour l'anecdote, à ce sujet, un grand théologien bibliste et exégète suisse, Albert de Pury, également professeur à la faculté de théologie de l'Université de Genève, dit ceci en août 2009 : « Les récits des origines sont par définition mythiques […], qu'ils aient ou non un fondement historique ». Ainsi donc, même des chercheurs chrétiens mettent en doute l'historicité de la Bible.

Période perse

On peut déjà souligner le manque de vérité historique dans les récits bibliques sur le retour de l'exil à Babylone : c'est en 539 av. J.-C. que Cyrus II le Grand, et ses troupes perses prennent Babylone. Dans la Bible, cette période est couverte par les livres d'Esdras et de Néhémie, où il est dit que 42 368 Juifs reviennent au pays. Or, l'archéologie a démontré qu'en réalité, il n'y a pas eu de retour massif, mais que Babylone s'est dépeuplée peu à peu, et encore bien après la période avancée sur le retour d'exil. Même la reconstruction du Temple, autorisé par Cyrus, fait l'objet d'explications diverses et contradictoires, selon les textes bibliques qui en parlent. On sait également qu'à la fin de la reconstruction du Temple vers 515 av. J.-C., ce sont les grands-prêtres qui ont pris la direction de la communauté juive. C'est aussi à cette époque que les Samaritains rejettent la Bible judéenne, rendant un culte à Yahweh dans leur propre Temple, à Sichem, dans la région de Canaan, près de l'actuelle Naplouse en Cisjordanie. Et ils éditeront plus tard, leur propre Torah.

Période grecque

En 333 av. J.-C., après la victoire d'Alexandre le Grand contre le roi Perse Darius III Codoman, la

Judée tombe sous la domination des Grecs, et se produit alors une hellénisation progressive. Les Juifs peuvent néanmoins garder une certaine autonomie. Les grands-prêtres juifs deviendront pour le maître grec, collecteurs de taxes et du tribut, et progressivement, un siècle plus tard, ce pouvoir par les grands-prêtres va se transformer en une puissante institution : le Sanhédrin (assemblée législative et tribunal suprême qui se tenaient dans le Temple à Jérusalem, ce même tribunal juif, qui condamna, selon les Évangiles, Jésus et le fit passer devant Ponce Pilate). Vers 260 av. J.-C., sous l'impulsion du pharaon grec Ptolémée II, la Torah est traduite en grec, puis suit la traduction des Prophètes, et l'ajout du corpus qui sera appelé « La Septante » (ce nom chiffré, car elle aurait été réalisée par 72 traducteurs à Alexandrie.) Il est donc clair que les textes ont pu être manipulés lors des traductions. Et vers 170 av. J.-C., apparaît un nouveau genre littéraire, cela se passe lors du conflit maccabéen. Et c'est là que se développent les thèmes de la venue prochaine d'un Messie, et de la fin du monde. On y trouve la version grecque du Livre de Daniel et ses prédictions apocalyptiques. Les chercheurs sont aujourd'hui certains, que les livres de Maccabées, de Judith et d'Esther, furent remaniés ou même écrits au IIe siècle av. J.-C.

Période romaine

En 63 av. J.-C., le consul romain Pompée met sur le trône de Jérusalem, Hérode Ier le Grand (qui décéda à Jéricho, en 4 av. J.-C., et ne pourrait donc être ce roi Hérode qui serait le commanditaire du « Massacre des Innocents », autre légende). C'est à l'époque d'Hérode que serait écrit le Livre de la Sagesse (Sagesse de Salomon). Ce livre ne figure que dans l'Ancien Testament de l'Église catholique et certaines Églises orthodoxes. C'est aussi dans cette littérature qu'apparaît pour la première fois la notion d'immortalité des justes après la mort… La suite, vers la fin du premier siècle, amènera une nouvelle religion, qui séparera les Juifs : le christianisme. Donc, aucun des textes originaux de la Bible n'a été retrouvé, et ce livre se distingue dès son élaboration, par une multiplicité de formes : le canon de la Bible hébraïque du judaïsme rabbinique, le texte hébreu transmis par la Massorah (massorétique), n'est pas le même que le canon de la Bible grecque des Églises d'Orient et d'Occident, la Septante. L'édition samaritaine du Pentateuque est aussi différente. D'ailleurs pour les experts, les manuscrits de la mer Morte montrent clairement de par leurs divergences textuelles que le texte biblique a connu plusieurs rééditions qui doivent avoir subi des changements importants. Pour l'anecdote, selon les experts en critiques bibliques, la Torah compterait plus de 400 « lieux variants », qui affecteraient le sens du texte. On trouve cela également dans le Nouveau Testament, par exemple les cinq finales différentes de l'Évangile selon Marc. Et en tout, les spécialistes auraient dénombré quelque 200 000 variantes dans le Nouveau Testament (voir à ce sujet « Introduction au Nouveau Testament » par Daniel Marguerat).

L'archéologie israélienne contredit la bible

Les premiers archéologues à oser dire que la migration des Patriarches tels, Abraham, Isaac, Jacob, l'histoire de Joseph, qui serait devenu vice-roi d'Égypte, ou ministre du pharaon, l'Exode avec Moïse d'un peuple israélite retenu comme esclave en Égypte, qui aurait ensuite conquis Canaan, sont des légendes qui, n'ont rien à voir avec les réalités historiques. Ces auteurs sont des archéologues israéliens, de l'Université de Jérusalem ou de Tel-Aviv, tel le professeur d'archéologie Ze'ev Herzog ou encore les deux célèbres archéologues israéliens Neil Asher Silberman et Israël Finkelstein. Ces scientifiques sont souvent mis à l'index par les milieux juifs traditionalistes. Silberman et Finkelstein affirment que la Bible hébraïque fut compilée pour en faire une religion nouvelle, vers 610 av. J.-C., sous Josias, roi de Juda. Cette nouvelle religion va sortir

34

les Israélites du polythéisme : un seul Dieu et une nouvelle loi consignée dans le Deutéronome, un seul roi, avec la réunification des royaumes d'Israël et de Juda, une seule capitale, Jérusalem, et un seul temple. Les très nombreuses recherches archéologiques, montrent que la grande saga des Patriarches, d'Abraham à Moïse, n'a aucun fondement historique, il n'existe en dehors de la Bible, aucune preuve de l'existence des personnages cités, et même parfois de lieux décrits, qui pour certains sont plus tardifs que l'époque des faits racontés. Pour ces scientifiques, tout ne serait que récits cousus ensemble, via des légendes appartenant à d'autres civilisations, à d'anciennes coutumes ou, de quelques vagues souvenirs mythiques, accommodés pour la nouvelle religion. La plus grande certitude, est l'impossibilité de cette fuite d'Égypte, de 600 000 hommes israélites à pied, plus les femmes et les enfants, plus le bétail et les chariots de transport, et d'une errance de 40 ans dans le désert du Sinaï, pour atteindre Canaan et la conquérir. C'est totalement inepte, impossible. De plus à cette époque, Canaan était sous juridiction égyptienne et l'archéologie a retrouvé dans cette région, des vestiges de bâtiments militaires égyptiens. Ainsi donc, il n'existe quasi rien comme trace sur l'histoire des Israélites, et d'autre part, aucun texte biblique racontant l'histoire du peuple juif ne peut être étayé par l'archéologie. Ce qui revient à dire que la quasi-totalité de l'Ancien Testament n'est qu'un patrimoine littéraire des débuts d'Israël, par la fiction et/ou par accommodement de textes plus anciens et venant d'autres civilisations. Un des endroits les mieux fournis en renseignements sur ces époques en Palestine, est sans équivoque, le British Muséum, et pourtant, vous n'y trouverez rien sur les Israélites, rien sur l'invasion de Canaan par les Hébreux qui auraient fui l'Égypte, rien non plus sur les murs de Jéricho, qui se seraient effondrés par miracle. En outre, il est certain archéologiquement parlant, qu'à cette époque, Jéricho n'était pas défendue par une muraille. Selon les textes bibliques, après Jéricho, les Israélites auraient attaqué d'autres villes, sauf qu'historiquement, la plupart des villes citées dans la Bible n'étaient pas occupées à cette époque. Selon la tradition toujours, les Hébreux prennent possession de Canaan, sauf que là aussi, il n'existe aucune preuve d'invasion par des israélites venus d'Égypte. La Bible, dit également que Josué serait arrivé par une ville que l'archéologie n'a jamais trouvée, ni même l'une ou l'autre trace d'habitants (fouilles sur le site palestinien par l'équipe du Dr Hamdan Taha). Ainsi donc, Josué aurait détruit un site qui n'existait pas ou qui était vide. D'autre part, pour le professeur Ze'ev Herzog, « les Israélites ne sont jamais allés en Égypte, ce n'est pas, dit-il, une réalité historique, c'est une légende créée vers le VIe siècle av. J.-C., d'une histoire qui n'a jamais eu lieu ». Je ne vous parle pas des ennuis qu'a eus ce professeur d'archéologie… L'archéologie a aussi démontré que Canaan était sous domination égyptienne, à l'époque de ce roi d'Égypte sans nom, appelé simplement et erronément « pharaon ». Il a été trouvé des vestiges de garnisons égyptiennes à Canaan, ces vestiges ont montré qu'il y avait un quartier général militaire égyptien à Canaan, et daté du 15e siècle au 12e siècle av. J.-C., ce qui montre que les Égyptiens ont régné trois siècles lors de cette époque, sur Canaan. Or, ces garnisons ne sont pas stipulées dans la Bible. Idem pour les archives administratives égyptiennes retrouvées par l'archéologie et les égyptologues, dont aucune ne parle de cet exode avec autant de monde, et ne parle pas non plus d'invasion du pays de Canaan par des Israélites. En bref, il n'y a aucune preuve archéologique pour une conquête de Canaan par des Israélites, aucune preuve pour Josué, aucune autre source que la Bible ne mentionne le royaume de David (juste « la maison de David » sur une stèle datée de 1200 av. J.-C.), et absolument rien sur Salomon.

Jérusalem est censée être devenue la capitale du royaume du roi David, aux alentours de l'an 1000 avant J-C. Pourtant, les archéologues israéliens affirment qu'il n'existe aucune trace de ce qui est une grande cité pour la Bible, une « capitale de royaume ». Quant à Salomon, fils de David selon la Bible, absolument rien n'a été trouvé à son sujet, ni à Jérusalem, ni dans les régions voisines, ce qui fait dire à certains experts, même israéliens, que Salomon n'a pas existé, et que Jérusalem n'était pas la capitale de ce royaume. De plus, il n'existe aucune autre trace ou preuve que celles décrites dans la Bible, sur une monarchie unifiée sous David et Salomon.

Selon l'archéologue Israël Finkelstein, « à l'époque dite de Salomon, Jérusalem ne devait être qu'un tout petit village très pauvre », rien à voir avec la capitale d'un royaume ». Selon un autre expert, Seymour Gittin « si on regarde toutes les fouilles menées à Jérusalem depuis un siècle, site pourtant étudié en profondeur, on ne trouve à peine qu'une ou deux poignées de tessons que l'on peut dater du Xe siècle av. J.-C., ou la période salomonienne, alors que les tessons de poteries, sont les éléments que l'on retrouve le plus dans les anciennes cités importantes. Cela tente de prouver qu'il n'y avait pas de vie ici (Jérusalem). » Parmi les archives byzantines retrouvées, on ne trouve pas de signalisation de Jérusalem comme grande ville ou capitale d'un royaume non plus, il y a donc de quoi se poser des questions. Par contre, les fouilles menées par l'archéologue Lawrence Stager et son équipe, sur le site d'Ashkelon pour trouver des traces des Philistins, furent plutôt positives. Il est démontré ainsi, que contrairement à la pauvreté de Jérusalem, Ashkelon était une cité prospère, en témoignent les nombreux vestiges, poteries, ossements, gravures. Les Philistins étaient issus de la Grèce antique, et faisaient partie des « peuples venus de la mer », ils ont hérité d'une réputation de rustres, de gens grossiers. Or, les découvertes à leur sujet montrent plutôt un peuple sophistiqué, se comportant comme de vrais citadins ayant une culture cosmopolite. Ils se baignaient dans de grandes baignoires de pierre, à la manière des Mycéniens ou des Chypriotes antiques. Ainsi, dans cette région, on trouve plus de renseignements historiques sur les Philistins et la ville d'Ashkelon, que sur le royaume de David et Salomon. L'archéologue Shlomo Bunimovitz a même précisé en savoir tellement sur les Philistins, qu'il pourrait même retranscrire leurs recettes de cuisine, alors que l'on ne sait rien de la vie à Jérusalem à la même époque (Xe siècle av. J.-C.). Aussi, la Bible dit que les Philistins auraient toujours habité cette région, alors qu'en réalité, ils font partie de nouveaux envahisseurs venus de la mer. Vers 1200 av. J.-C., après la guerre de Troie, des populations entières se sont déplacées, ils furent appelés « les peuples de la mer », dont les Philistins. Et ces peuples combattaient les Égyptiens, maîtres de la plupart de ces territoires à cette époque.

Les Philistins se sont installés sur la côte cananéenne et ont pris Ashkelon aux Cananéens. Et de cette époque, rien n'est trouvé à Jérusalem ou dans l'histoire juive. En 1993, l'archéologue biblique Avraham Biran et son géologue, trouvent sur le site de Tel Dan, une pierre gravée d'un texte, où l'on peut lire « roi de la maison de David », mais le texte est daté d'un siècle après l'époque de David selon la Bible. Il faut donc reconnaître une « maison de David », mais le roi cité, il fut roi de quoi ? Les rois importants laissent des traces, même dans les textes des peuples voisins ou ennemis, or ici encore une fois, rien ! Quant à Salomon, fils et successeur de David, censé être un personnage encore plus grand que son père, on ne trouve rien sur lui non plus, le vide total. Tous les endroits fouillés pour trouver ses traces ont quasi tous mené à quelqu'un d'autre. Les fameuses « mines du roi Salomon » selon un grand spécialiste en études archéo-métallurgiques, Beno Rothenberg, « sont bien des mines oui, mais certainement pas celles du roi Salomon, ni ici ni ailleurs dans la région ». Des milliers d'objets trouvés montraient clairement qu'il n'y avait pas de « roi Salomon » dans cette région. La réalité est que c'étaient des mines égyptiennes qui datent de deux à trois siècles avant la période dite « salomonienne », et qu'il n'y a aucune trace d'un roi Salomon. D'ailleurs, ces mines n'apparaissent pas dans la Bible non plus, c'est une histoire montée de toute pièce au XIXe siècle. Le directeur du British Museum, Jonathan Tubb, insistait d'ailleurs sur le fait : « Il n'existe aucune preuve de l'existence de Salomon, aucune source écrite ou gravée ne le mentionne ». Les seules traces sont bibliques, et plus tard dans le Coran. Aucun texte ancien, régional ou étranger, ne mentionne Salomon. Idem pour ces vestiges qui ont été appelés « les écuries du roi Salomon », dont le professeur d'histoire Baruch Halpern dit : « ce ne sont pas des écuries, car il aurait fallu un système pour amener l'eau aux chevaux, or rien de tel n'a été trouvé dans les ruines. Et ce qui a été pris pour des abreuvoirs, servait plutôt à contenir des liquides visqueux, qui séchés, pouvaient être découpés en sorte de tranches et envoyés tels quels, sans devoir les mettre dans des récipients d'argiles. » Les experts de cette région optent pour un lieu de fabrication d'opium, certains vestiges et des pièces de monnaie, montrent la culture du pavot, qui était cultivé dans cette région. Non loin de ce site, fut d'ailleurs trouvée une sorte de pipe à opium. Et enfin, il y a également une porte attribuée à Salomon, mais qui fut construite plusieurs siècles après l'époque supposée de ce dernier. Donc encore du vent, Salomon n'est qu'une invention, une fable.

Avec toutes ces preuves, on peut aisément conclure que l'histoire par l'archéologie est très différente de celle narrée dans l'Ancien Testament :

Canaan était une province égyptienne, et n'a jamais été conquise ou envahie par des Hébreux. La plupart des objets dans la salle cananéenne du British Museum, sont quasi essentiellement égyptiens, car vers 1200 av. J.-C., le roi d'Égypte, le pharaon Ramsès III, doit défendre les frontières égyptiennes contre des vagues d'envahisseurs venus de la mer, dont les Philistins. Mieux encore, on sait aujourd'hui que la domination égyptienne de cette région s'effondre au moment où les Philistins s'installent à Canaan sur sa côte. Et les gens de Canaan iront s'installer sur des terres inhabitées dans les collines, avec leur bétail. Selon les sources, ces gens s'appelaient eux-mêmes « Israélites ». Et il n'existe pas la moindre preuve, que ces « Israélites » venaient d'Égypte comme dit la Bible dans « l'Exode ». On peut facilement croire dès lors que tout ce que dit l'Ancien Testament sur l'histoire des « Enfants d'Israël » n'est qu'une recomposition mythique fondamentale, mêlée à l'histoire, et dont l'archéologie, même juive, remet les pendules à l'heure. Évidemment, pour la grande majorité des Israéliens, la Bible hébraïque est le socle de l'État actuel, la base de leur histoire, et remettre l'Ancien Testament en question, c'est aussi remettre en question le droit à l'existence d'Israël. L'archéologie n'a pas encore tout trouvé, et donc tout dit, affaire à suivre…

Pour conclure cette page d'histoire concernant le judaïsme, il faut retenir que : de tous les peuples du Moyen-Orient antique, l'importance de celui d'Israël est limitée par rapport aux empires de ces régions, et qui ont des dieux multiples. Nous pouvons citer les Sumériens, Babyloniens, Égyptiens, Perses, Mèdes, Hittites, Ougarits, Assyriens, Grecs et même les Romains. Ces peuples sont le plus souvent présents en tant que conquérants. Il n'existe aucune mention historico-archéologique d'Israël avant le XIIᵉ siècle avant J-C. À son apogée, le royaume de Judée n'avait que quelques dizaines de kilomètres de rayon. Et en dehors des récits bibliques, ce peuple n'a guère laissé de témoignages historiques matériels. La recherche historico-scientifique est quasi certaine que la Bible hébraïque, ou la Torah est en partie des reprises de mythes et légendes sumériennes, babyloniennes, ougarites, et même de certaines légendes égyptiennes. Les mythes et légendes ou croyances de ces peuples étaient connus à Babylone à l'époque de l'exil des élites juives. Et il faut rappeler que dans la réalité historique, les Hébreux sont restés longtemps polythéistes. Le monothéisme n'est arrivé pour les Hébreux, que vers le VIᵉ siècle av. J.-C., les autres dieux étant devenus de simples expressions de la puissance de Yahweh. Ensuite, avec le rétablissement du royaume d'Israël et l'autorisation donnée aux Juifs par leur libérateur, le roi perse achéménide Cyrus II le Grand, de reconstruire un temple à Jérusalem vers 535 av. J.-C., Yahweh est devenu définitivement un dieu unique. Au fil des découvertes, ce dossier est appelé à s'agrandir, mais en attendant, voici quelques références qui ont servi à mes recherches pour ce dossier : les ostracas du site de Kuntillet h'Ajrud – les tablettes du site de Khirbet-el-Qôm – les inscriptions dans la région de la Shefelah – le prof. Thomas Römer – les papyrus de l'île d'Éléphantine – les tablettes sumériennes, babyloniennes, hittites, ougarites – Codex de l'Égypte pharaonique – le papyrus Westcar – les tablettes sumériennes de l'Épopée de Gilgamesh – les traducteurs de tablettes et de papyrus, David Stronach, George Smith – les archéologues Ronald et Susan Redford, William G. Dever, Francis Joannès, K. C. Hanson, Philip R. Davies, Finkelstein, Silberman, Amihai Mazar, Alain Zivie et ceux signalés dans le texte.

Un petit peu plus sur les Philistins des « peuples de la mer »

Il faut d'abord savoir que le terme « Philistins » est comme le terme « Hébreux », l'un comme l'autre n'appartient qu'au vocabulaire biblique. Dans la Bible, à l'époque dite de Samuel, Saül et David, les « Pelesets » (Philistins) sont situés géographiquement dans l'actuel Gaza, et jusqu'à Ashdod (au sud de Tel-

Aviv et de Jaffa). Les prospections archéologiques des années 1990 ont montré que les Israélites « cananéens » vivaient plutôt sur les hauteurs de Cisjordanie, vers 1200 av. J.-C., et qu'ils n'étaient qu'un tout petit nombre, face à la population cananéenne, composée d'autres ethnies. Des tablettes assyriennes expliquent que les « Pelesets » (Philistins) furent repoussés par le roi d'Égypte Ramsès III, et c'est à partir de ces événements, qu'ils se sont installés dans des petits royaumes tels, Ekro, Ashdod, Gaza ou le port d'Ashkelon. Les tablettes assyriennes et les rois assyriens attestent les « Pelesets » et les mentionnent aussi sur la route de l'Égypte.

En fait, les « Pelesets » font partie de ces envahisseurs appelés les « Peuples de la Mer ». Leur première attestation se trouve dans le temple funéraire de Ramsès III à Médinet Habou. Des gravures montrent aussi une alliance entre les Égyptiens et les Hittites pour combattre ces « Peuples de la Mer », dont d'autres que les Pelesets (Philistins), comme les Tjeker, les Shekel, ou encore les Weshesh. Tout cela est également confirmé par les textes du « Papyrus Harris », autre découverte archéologique. Il y a également une stèle de Ramsès III, à Deir-Médineh, qui indique que les Pemesets sont avec des Turshas et des Terech, autres peuples venus de la mer. Les fouilles d'Ashdod ont montré que les Pelesets (Philistins) se sont établis dans la bande littorale méridionale de la Palestine. L'origine des Philistins, comme d'autres « Peuples de la Mer », est des régions égéennes, la Grèce, la Crète, Chypre, ou encore d'Anatolie orientale. Selon les textes découverts, l'archéologie a l'idée que lorsque les Égyptiens quittèrent Canaan, à cause des attaques des Peuples de la Mer, ce sont ces peuples, dont ceux qui seront appelés « Philistins », qui habitèrent Canaan et les régions avoisinantes, et non un peuple hébreu venu d'un Exode imaginaire d'Égypte.

En 2019, des archéologues israéliens (section archéologie de l'Université Hébraïque de Jérusalem et le professeur Yosef Garfinkel) avaient trouvé près de Kiryat Gat, dans le centre d'Israël, les vestiges d'une ancienne ville philistine. Aucune découverte archéologique ne confirme les récits bibliques ou l'existence de Samuel et Saül comme pour d'autres patriarches ou héros de la Bible hébraïque.

Chapitre III
Le christianisme et Jésus-Christ

Biographie de Jésus-Christ, réalité ou légende ?

Alors qu'aucun écrit de sa main, aucun objet lui ayant appartenu n'existe, les seuls témoignages de l'existence de Jésus de Nazareth, dit le « Christ », ne se trouvent que dans les Évangiles, dont on sait aujourd'hui avec quasi-certitude qu'ils n'ont pas été écrits par ceux à qui ils sont attribués. Nous allons donc voir cette « biographie » par la tradition chrétienne, puis par la réflexion et l'histoire, la vraie, la crédible. Jésus aurait été conçu dans le ventre de sa mère Marie, jeune femme vierge, et qui l'est restée après la naissance de son enfant, conçu par l'opération divine du Saint-Esprit…

La tradition dit que Jésus serait né à Bethléem, au sud de Jérusalem dans l'actuelle Cisjordanie. Actuellement, dans cette ville, il y a une « basilique de la Nativité », où un escalier mène à une grotte, où selon la tradition, serait né Jésus-Christ. Mais voilà, tout le monde dans le milieu chrétien, n'est pas d'accord pour dire que Jésus de Nazareth, soit né à Bethléem, et seulement deux Évangiles canoniques sur les quatre mentionnent sa naissance, en des récits bien différents. De plus, il y a trois endroits différents pour sa naissance, une étable supposée par la présence de mangeoires, une grotte, ou encore une maison.

Luc 2 : 1-20 (extraits) : Venus de Nazareth pour s'inscrire au recensement mené par Quirinius, le gouverneur Romain de Syrie, Joseph et Marie, enceinte, se rendent en Judée dans la ville de Bethléem… C'est là que Marie accouche de son premier-né. Elle l'enveloppa de langes et le coucha dans une mangeoire, car il n'y avait pas de place pour eux dans la salle des hôtes. Il y avait dans cette région, des bergers qui passaient la nuit dans les champs pour y garder leur troupeau. Un ange apparu aux bergers pour leur annoncer la bonne nouvelle : « il vous est né un Sauveur qui est le Messie, le Seigneur. » Et les bergers partirent jusqu'à Bethléem pour voir, et trouvèrent Marie et Joseph, ainsi que le nouveau-né couché dans une mangeoire… (c'est le seul texte qui avec la mangeoire, laisse supposer une étable, mais sans plus.)

Matthieu 1 : 18 (extraits également) : Marie, fiancée à Joseph, se trouva enceinte par la vertu du Saint-Esprit avant qu'ils eussent habité ensemble. Alors qu'il voulait rompre avec Marie, un ange apparu à Joseph en songe, et lui expliqua que l'enfant conçu venait du Saint-Esprit, qu'elle enfantera un fils et qu'il devait lui donner le nom de Jésus ; c'est lui qui sauvera son peuple de ses péchés (versets 20-21). Aux versets 22-23, il est écrit : « tout cela arriva afin que s'accomplît ce que le Seigneur avait annoncé par le prophète : voici ! la vierge sera enceinte, elle enfantera un fils, et lui donnera le nom d'Emmanuel, ce qui signifie Dieu avec nous. » (Emmanuel-Jésus ?) Dans Matthieu 2, il est dit aussi que lorsque les mages arrivent au lieu où se trouvait l'enfant divin, « ils entrèrent dans la maison »… Donc aucun des deux évangélistes ne parle d'étable ou de grotte, et les marges eux, arrivent dans une maison. Ces textes sont très différents, incertains et d'une historicité plus que douteuse.

Ce sont là les seules sources de récits de la petite enfance de Jésus, en début des Évangiles attribués à Luc et Matthieu. Et on y trouve deux mêmes erreurs : Jésus serait né sous le règne du roi Hérode le Grand, qui aurait ordonné à cause de la naissance de Jésus, dit nouveau « roi d'Israël », le fameux massacre des Innocents, dont il n'existe aucune trace historique par les scribes et historiens de l'époque. De nos jours d'ailleurs, l'Église n'insiste pas trop sur cet événement, car sa réalité historique est très fortement mise en doute. La seule indication relativement précise et historique dans l'Évangile selon Luc se trouve au chapitre 2, où l'auteur parle d'un édit de l'empereur César Auguste, qui ordonne un recensement. Et en Judée, ce recensement se fit sous la houlette de Publius Sulpicios Quirinius, qui était le gouverneur romain de la Syrie en l'an 6 de notre ère. Selon l'historien juif romanisé, Flavius Josèphe, ce recensement de la Judée eut lieu entre l'an 6 et l'an 7, donc plus tard que la date de naissance attribuée à Jésus. Il y a également, un écart de 10 ans entre Hérode le Grand et le recensement de Quirinius en Judée. Il est clair également, que Jésus, s'il a existé, n'est pas né un 25 décembre de l'an zéro, c'est une date qui fut fixée vers 532 par un moine du nom de Dionysius Exiguus (Denys le Petit), un traducteur et mathématicien originaire d'une région située entre la Roumanie et la Bulgarie actuelles, dans une région appelée « Scythie Mineure ». Ce moine fit des traductions et du droit de canon pour le pape Hormisdas, entre 514 et 523, puis œuvra pour le pape Jean 1er de 523 à 526… Selon les traditions juives, quarante jours après sa naissance, Jésus aurait été présenté au Temple, mais après cette indication, le Christ disparaît pendant un bon moment. En dehors de ce passage dans Luc 4 : 41 « Et, c'est quelques mois après son douzième anniversaire que Jésus se fit remarquer en train d'enseigner au Temple de Jérusalem avec une érudition qui frappa l'assemblée… », il n'existe aucun texte canonique qui évoque la jeunesse ou la formation de Jésus. Et les « érudits » signalés dans l'Évangile selon Luc, devaient être historiquement, des prêtres Pharisiens, des docteurs en théologie experts dans l'interprétation orale du Tannakh (Bible hébraïque), et à qui il ne fallait pas leur apprendre quoi que ce soit sur leur religion.

On ne retrouve Jésus qu'à l'âge adulte où il est dit comme dans l'Évangile attribué à Marc 6 : 3, que Jésus est fils de charpentier, et qu'il faisait également ce métier (il y a parfois polémique sur la traduction du mot qui en français donne « charpentier », mais c'est une autre histoire). Il y a donc un gros trou sur la jeunesse de Jésus, appelé dans le christianisme, « Les années perdues ». Certains auteurs bibliques, se basant sur des manuscrits apocryphes, qui laissent penser que Jésus et Jean-Baptiste partageaient la doctrine Essénienne, ont donc imaginé que Jésus aurait quitté Nazareth pour étudier à Qumran, où il aurait même été membre d'une communauté monastique de cette région. Et là aussi, les avis divergent. Pour les uns, il était chez les Esséniens, pour d'autres, chez les Baptistes, ou encore chez les Nazôréens. En tous les cas, il n'y a aucune trace d'un tel Jésus dans les manuscrits trouvés à Qumran. Pour l'anecdote, malgré ce vide, un prêtre-écrivain espagnol, Armand Puigi Tàrrech, est arrivé en 2016, à parler de Jésus sur 840 pages, où il est né, comment il a vécu, pourquoi il ne s'est pas manifesté en public avant l'âge de 29/30 ans, etc. Cet auteur qui nous est contemporain, en dit plus que dans les biographies officielles que sont les Évangiles canoniques, sur Jésus de Nazareth, dit « le Christ » ou le « Messie ».

Selon les Évangiles, Jésus se fait baptiser par Jean le Baptiste, et cela pose question : pourquoi fils de Dieu, ou Dieu lui-même, veut-il se faire baptiser ? Cela n'a pas beaucoup de sens, sauf si Jésus n'est qu'un subalterne de Dieu, et non son égal. Au passage, on peut souligner que « l'anniversaire » du baptême de Jésus, le 6 janvier, a été supprimé par l'Église… Dans Luc 4 : 24 -25 et Marc 6 : 14 -17, il est écrit : (avec tous ses miracles) Jésus devient célèbre, sa renommée gagne la Syrie, des foules nombreuses le suivent, le roi Hérode entendit parler de lui car Jésus était devenu célèbre. Les gens venaient l'écouter de Judée, de Jérusalem, de Tyr et de Sidon ». Même des Grecs se seraient déplacés pour le voir. Autre question : si Jésus était si célèbre, pourquoi les historiens et scribes qui lui sont contemporains, dans ces régions, ne parlent pas de lui, un homme qui fait des miracles, qui guérit des malades et des invalides, ressuscite un mort, marche sur l'eau, arrête une tempête, change l'eau en vin, nourrit par deux fois une foule avec quelques pains et poissons ? Même un des plus célèbres historiens de cette époque, Philon d'Alexandrie, qui dans 50 volumes écrit l'histoire religieuse de cette région, pas un mot sur Jésus, ce personnage qui déplace des foules et que l'on vient écouter de partout ? Dans l'Évangile qui lui est attribué, Matthieu décrit son recrutement par Jésus, il ne l'avait jamais vu avant. Donc, le récit de la naissance de Jésus, les mages qui lui rendent hommage et l'étoile qui les guides, certains miracles, la tempête sur le lac, etc., sont des événements auxquels Matthieu n'a pas assisté. Ainsi donc, ces récits sont-ils des fables de « deuxième main » ! Le témoignage de Matthieu à propos de Jésus n'est pas crédible et encore moins authentique. Autre fait troublant, la condamnation de Jésus, elle-même, n'est que peu crédible historiquement :

À l'époque, la Judée et les régions voisines étaient sous juridiction romaine, même si les peuples assujettis conservaient élites et prêtres. Ainsi, il est peu concevable que Ponce Pilate appliquât une mort par supplice romain (crucifixion), sur base d'une condamnation prononcée par une juridiction pharisienne locale. Il eut dû être condamné à la lapidation, châtiment ultime pour les Juifs. La convocation du Sanhédrin et la condamnation de

Jésus sont des erreurs historiques, qui montrent que le ou les auteurs de ces textes avaient une méconnaissance des coutumes de cette région, à cette époque. Par exemple, on ne pouvait mener un procès de nuit, et certainement pas la veille de Pâques. En outre, le Sanhédrin ne pouvait siéger valablement qu'au Temple, de jour et en dehors de veilles de fêtes religieuses. En lisant entre les lignes, on pourrait penser que ce texte est tourné de manière à faire porter la responsabilité de la mort de Jésus aux Juifs...

Quasi contemporain de l'époque supposée de Jésus, il y avait Agrippa II, né en l'an 28 et nommé roi en 48 par l'empereur romain Claude. Son royaume comprend la Galilée et la Pérée, à l'est du Jourdain. Un historien et écrivain travaille pour ce roi, il s'appelle Justus de Tibériade. Si ses travaux ont été perdus, ils avaient néanmoins été repris par l'historien judéo-romain Flavius Josèphe, mais également par des « Pères de l'Église » tel Jérôme de Stridon et d'autres. Aucune des œuvres littéraires narrant l'histoire de la Palestine à cette époque par Justus de Tibériade ne parle de Jésus ou de ses apôtres perpétuant sa doctrine.

Les évangiles canoniques

Il y a quatre Évangiles canoniques, qui sont attribués à Saint-Matthieu, Saint-Marc, Saint-Luc et

Saint-Jean. Les récits des quatre Évangiles relatent généralement les mêmes événements, mais ils sont néanmoins assez différents.

Je prends les exemples suivants : dans celui de Matthieu, il est plutôt indiqué comment Jésus-Christ accomplissait les Écritures qui annonçaient sa venue et les éléments qui le concernait. Luc, parle de la « bonne nouvelle » (ce que veut dire « évangile ») de la miséricorde et du pardon de Dieu. Quant à Marc, il veut montrer que Jésus témoigne qu'il est le fils de Dieu et qu'il s'est abaissé jusqu'à l'homme, par sa façon d'avoir vécu, souffert et de mourir. Et enfin Jean, considéré comme le dernier Évangile canonique, il montre que Jésus est constamment en relation avec Dieu, son père, et le but de l'Évangile de Jean est la foi au Messie (Christ) Jésus, fils de Dieu.

Chronologiquement, selon les datations faites par les biblistes, ce serait l'Évangile de Marc qui serait le premier (il est classé deuxième par l'Église.), dont l'écriture daterait de l'an 67. Ceux de Matthieu et Luc auraient été écrits entre 80 et 90, et celui de Jean entre 95 et 100. Ainsi, il est déjà certain qu'aucun Évangile ne fut écrit du vivant ou proche de la mort de Jésus-Christ, décédé selon les sources, en 33. Ce n'est qu'aux environs de 364, au Concile de Laodicée, que seront canonisés les quatre auteurs d'Évangiles, qui selon certaines sources chrétiennes, auraient déjà été cités par l'évêque de Lyon, Irénée, en 180. Plus d'une centaine d'Évangiles seront déclarés « apocryphes ».

Tout cela fut décidé par des hommes, dont aucun n'a connu le Christ et qui ont décidé sur base d'on ne sait quels critères, de la véracité des Évangiles réels ou faux (apocryphes). En réalité historique, aucun de ces Évangiles ne fut rédigé par celui à qui il est attribué. Il y eut encore en 382, le « Décret de Damase », du nom du pape Damase 1er, qui dressa la liste des Saintes Écritures au Concile de Rome. En 393, Augustin officialise les 27 livres du Nouveau Testament. Et enfin, car cette saga est peuplée d'anecdotes, le Concile de Trente, sous le pape Paul III au XVIe siècle, refait une liste que je pense être définitive.

Les quatre évangélistes principaux

Saint Marc

Marc serait un surnom, car selon la tradition chrétienne, il s'appelait en réalité Jean. Marc, bien qu'évangéliste, ne figure pas dans la liste des apôtres, il aurait été un disciple de Paul de Tarse. Marc aurait suivi Paul et Barnabé, un des septante disciples de Jésus, lors d'un voyage missionnaire. Ce n'est qu'au IIe siècle qu'Irénée et Clément d'Alexandrie, deux

« Pères de l'Église », attribuent le deuxième Évangile à Marc, alors qu'en principe, selon les datations biblistes, il est le premier, vers l'an 67. Ces deux Pères de l'Église affirment 150 ans après les faits narrés, que Marc fut l'interprète ou le secrétaire de l'apôtre Pierre. Une autre source biblique (Colossien 4 : 10), dit que Marc est le cousin de Barnabé, et dans 1Pierre 5 : 13, Pierre dit qu'il est son fils…

Au IIe siècle, Justin, un philosophe chrétien pourtant retenu pour ses travaux religieux, ne cite Marc nulle part ; il parle juste de « Mémoire de Pierre ». Autre source encore, vers 110, Papias, évêque d'Hiérapolis en Phrygie, aurait dit (selon l'historien Eusèbe de Césarée), que Marc était l'interprète de Pierre et qu'il n'avait jamais entendu, ni même, vu le Seigneur (Jésus). Nous pouvons donc conclure que si Marc a existé, il n'a jamais été en contact avec Jésus, qu'il n'est en rien un témoin visuel, mais plutôt un rapporteur des paroles de Pierre. Marc serait mort en martyre vers l'an 68 à Alexandrie. L'Évangile de Marc contient selon les experts, des imprécisions sur la géographie et la topographie galiléenne, dont par exemple, une localité du nom de « Dalmanutha », qui n'existe que dans l'Évangile qui lui est attribué. Il semble également que l'auteur des textes de Marc ignorait les voies romaines en Palestine.

Saint Matthieu

Selon les historiens biblistes, Matthieu, aussi appelé « Lévi », serait un Juif de Galilée qui serait né au début du Ier siècle. Dans les textes, Matthieu est présenté comme un « publicain » (homme d'affaires appartenant à un ordre romain, qui par contrat avec l'autorité civile, pouvait collecter les taxes en son nom). Il était donc collecteur d'impôts. Un des problèmes pour l'historicité de Matthieu, c'est que seul le Nouveau Testament parle de lui, car dans l'historiographie sur les origines du christianisme, il n'existe aucune information concernant l'apôtre Matthieu. On ne peut donc que s'en tenir aux informations des Évangiles pour sa « biographie ». Ainsi, donc les textes le présentent comme Matthieu ou « Lévi fils d'Alphée », qui collecte les impôts à Capharnaüm, un village de pêcheurs sur la rive nord-ouest du lac de Tibériade (au nord d'Israël). Jésus l'aurait vu assis à un bureau de douane, et il lui aurait dit : « suis-moi ! » Et Matthieu se serait levé et suivi, Jésus. C'est ainsi, selon la tradition, qu'il serait devenu un des douze apôtres. Il serait aussi mort en martyre en Éthiopie vers l'an 61, ce qui ne concorde pas avec les dates données pour la rédaction de son Évangile entre 80 et 90. L'étude du texte attribué à Matthieu montre qu'il utilise comme source les textes attribués à Marc, ce qui peut être étonnant si comme la tradition le dit, Matthieu fut un témoin direct de Jésus. Les exégètes honnêtes ne retiennent donc pas la paternité de ces textes à Matthieu. De plus, d'autres experts disent que l'auteur de l'Évangile selon Matthieu, est bâti sur deux sources : l'Évangile selon Marc et ce qui est appelé la « source Q », qui ne comporte que des paroles de Jésus, mais comme par hasard, c'est une « source perdue de recueil synoptique des paroles de Jésus »... En ce qui concerne la mort de Matthieu, les avis divergent, pour les uns, il meurt à Hiérapolis, pour d'autres en Syrie, pour d'autres encore en Perse, et la plus retenue des sources, en Éthiopie. Conclusion simple : second Évangile non écrit par celui à qui il est attribué, avec en plus, de sérieuses incertitudes sur l'existence historique de Matthieu.

Saint-Luc

On ne sait pas grand-chose sur Luc, il serait né au cours du Ier siècle à Antioche en Syrie, ou à Philippes en Macédoine, et il serait mort en Béotie (Grèce), à l'âge de 84 ans, toujours au Ier siècle. Si l'historien Eusèbe de Césarée et Jérôme de Stridon, un des Pères de l'Église du Ve siècle, affirment que Luc serait bien l'auteur de l'Évangile qui lui est attribué, il n'existe aucune preuve pour le confirmer, et ces affirmations sont bien trop tardives que pour être crédibles.

La tradition chrétienne le désigne comme médecin, païen converti, mais pas un témoin de Jésus-Christ et de sa vie. Il aurait été un ami de Paul de Tarse (personnage qui revient souvent pour l'élaboration du Nouveau Testament), et Luc aurait participé au troisième voyage missionnaire de Paul. Luc aurait également suivi Paul dans sa captivité à Rome. Contrairement aux autres pseudo-auteurs du Nouveau Testament, Luc ne serait pas juif. Certains biblistes pensent que Luc a existé et serait l'auteur de son Évangile, il était alors plutôt historien que médecin, car les descriptions des villes, villages et des îles qu'il signale, sont assez précises. L'Évangile de Luc fait partie des Évangiles synoptiques, car il présente de nombreuses similitudes avec les écrits attribués à Matthieu et à Marc. Par rapport aux autres textes, celui de Luc est plus détaillé sur l'annonciation à Marie, l'enfance de Jésus avec sa présentation au temple, sa généalogie, le baptême de Jésus, son ministère en Galilée, ses nombreux miracles, la passion du Christ et sa mort. Néanmoins, selon les experts, on retrouve dans le texte de Luc, quelque 365 versets qui se trouvent dans l'Évangile de Marc. Et on y trouve des contradictions avec des textes attribués à Marc et à Matthieu, comme sur l'Eucharistie, l'annonce de la trahison de Judas. Ainsi, il est assez clairement établi que les sources attribuées à Luc sont toutes « supposées », voire « incertaines ». Ce fait se vérifie également dans les Actes des Apôtres, second ouvrage attribué à Luc. Ici donc encore une fois, aucune preuve historique, archéologique ou épigraphique que Luc a existé et qu'il est l'auteur de son Évangile.

Saint-Jean

Selon la tradition chrétienne, Jean l'apôtre est un Juif de Galilée qui serait né entre l'an 10 et l'an 15, et mort vers 100 ou 101 à Éphèse en Turquie. Dans les Évangiles synoptiques de Matthieu, Marc et Luc, il est « Jean, fils de Zébédée, frère de Jacques le Majeur, et fait partie de la liste des douze apôtres. La tradition chrétienne lui attribue l'Évangile à son nom, ainsi que le « Livre de la révélation », appelé plus communément « l'Apocalypse », le dernier livre du Nouveau Testament. Certains historiens biblistes contestent la paternité de l'Évangile selon Saint-Jean, à Jean de Zébédée, et l'attribuent plutôt à Jean le Presbytre, qui est un personnage mentionné par Papias d'Hiérapolis, un évêque du IIe siècle, et l'historien Eusèbe de Césarée, et qui serait le « Jean » à l'origine de la communauté Johannique d'Éphèse. Seulement, selon d'autres experts, Jean le Presbytre aurait vécu entre l'an 50 et l'an 100, et n'est donc pas dès lors, un témoin direct de la crucifixion de Jésus en 33. Si certains penchent pour Jean le Presbytre, c'est à cause de l'analyse des deuxièmes et troisièmes Épîtres de Jean, qui indique que l'auteur se présente comme Jean « l'Ancien », ou « Presbytre », et non comme apôtre. Une autre constatation, est sa description du ministère galiléen, qui est plutôt sommaire et avec un manque évident de connaissance géographique des lieux, l'ignorance des bourgades autour du lac de Génésareth, qui aurait été plus développée si c'était écrit par Jean de Zébédée, originaire de cette région. Or, l'auteur du 4e Évangile semble bien connaître Jérusalem et la Judée, ainsi que leur topographie, via les détails des cités signalées. Et enfin dernier constat encore contradictoire, l'écriture de l'Évangile selon Jean est jugée comme rédigée par un intellectuel imprégné de liturgie sacerdotale, que n'aurait pu écrire Jean de Zébédée, simple pêcheur, fils de pêcheur, qui réparait les filets de son père. Conclusion, toujours du flou, et rien de concret historiquement et/ou définitivement accepté.

Autres éléments troubles

Saint Paul de Tarse

Je commence par lui, car bien que ne faisant pas partie des quatre évangélistes « canoniques », les premières bases de la théologie chrétienne, si l'on suit bien l'histoire, sont de Paul. Il s'appelait Saul de Tarse, d'une région aujourd'hui située en Turquie. Il n'est pas un des apôtres de Jésus, il ne l'a même pas connu ! Saul est un citoyen romain, et juif pharisien (juifs religieux et politiques). Le Nouveau Testament présente Saul de Tarse comme d'abord un persécuteur des premiers chrétiens. Selon les Actes des Apôtres, Saul, se rendant à Damas, tomba au sol et entendit une voix qui lui demandait : « Pourquoi me persécutes-tu ? » Il fut persuadé qu'il s'agissait de la voix de Jésus, le Christ ressuscité… Il se convertit et se fit baptiser au nom du Christ par Ananie de Damas, qui serait un des premiers Juifs à s'être converti au christianisme. Sa chute avait rendu Saul, devenu « Paul » par le baptême, aveugle pendant trois jours, et Ananie lui aurait rendu la vue en apposant ses mains sur ses yeux. Après ce baptême, Paul quitte Damas et va prêcher en Arabie, revient à Jérusalem, puis partit pour Antioche en Turquie alors romaine. C'est à partir de là que Paul partira dans des voyages missionnaires, entre l'an 45 et l'an 58 (selon les biblistes). Il va également à Chypre, au sud de l'Asie Mineure, revint à Jérusalem. Il repart vers l'Asie Mineure, ensuite à Troie, il s'embarque pour la Macédoine, et séjourne à Athènes… Lorsqu'il revint à Jérusalem, il est arrêté : Paul aurait alors comparu devant le procurateur Antonius Felix, car il était accusé d'être un chef de la secte des « Nazôréens ». Et Felix envoie Paul à Rome, car citoyen romain, pour y être jugé. La fin de sa vie est obscure et imprécise, parmi une des sources, il est dit qu'il fut décapité vers l'an 67 à la sortie de Rome. Néanmoins, Paul serait au cours de ses voyages, le premier « missionnaire » propageant le christianisme. Dans le Nouveau Testament, 13 Épîtres (lettres) sont attribuées à Paul, mais sur ces 13 ouvrages, six sont considérés par des historiens comme « pseudépigraphes », et les sept autres auraient été dictées et envoyées par Paul lui-même, et jugées comme « authentiques ». Bien sûr, tout cela reste confus, dans le sens où les « fausses » Épîtres se réclament aussi de Paul de Tarse, comment dès lors, juger du vrai et du faux ? De plus, toutes les Épîtres de Paul ne sont datées que « probablement » : les pseudépigraphes entre l'an 80 et 125, et les « authentiques » entre 50 et 61. Une autre source dit que Paul n'a pas écrit ses Épîtres lui-même, et l'histoire retient les noms de deux scribes au moins, Tertius, d'Iconium, qui devint le deuxième évêque d'Iconium (Turquie), et un personnage plus trouble, « Sosthène », qui dans les Actes 18 : 17, est un "chef de la synagogue, ou dans 1 Corinthiens 1 : 2, un « frère »… Il y a donc, très peu de clarté historique.

Saint-Pierre

Bien que n'étant pas évangéliste, je cite ce personnage car il tient une place importante pour les chrétiens. Pierre, ou de son vrai nom selon les écritures, Simon bar Jona (Simon fils de Jonas), dit aussi « kephas » (le roc en araméen), serait né au début du Ier siècle en Galilée ou à Gaulanitide, près de la Syrie. Il aurait été un des disciples de Jésus et un des douze apôtres. Pierre tient une position privilégiée dans l'histoire du christianisme, puisqu'il est considéré comme le dirigeant majeur des premières communautés chrétiennes, et le premier évêque. Les papes sont les « successeurs » de Pierre. Il est souvent représenté détenant les clés du paradis. Selon la tradition chrétienne uniquement, Pierre serait mort en martyr, crucifié la tête en bas, à Rome entre 64 et 68. Cette exécution se serait passée lors des persécutions des chrétiens par l'empereur Néron, que les chrétiens avaient accusé à tort d'avoir incendié Rome. Néanmoins, seuls des textes postérieurs à lui font état de sa présence à Rome, comme par Clément de Rome, vers 95, ou plus tard encore, vers la fin du IIe siècle par Irénée de Lyon. La mission et le martyr de Pierre ne sont signalés que dans les écrits pseudo-Clémentin, considérés comme apocryphes, également dans les Actes de Pierre (texte de la fin du IIe siècle), et dans les Actes des Apôtres, aussi du IIe siècle. Si deux textes sont attribués à Pierre, la Première et la Deuxième Épître de Pierre, sans doute parce que l'auteur s'identifie à Pierre, la majorité des experts biblistes considèrent ces deux épîtres comme apocryphes : la première épître date de 100 et la seconde de 125, et donc bien après la mort supposée de Pierre. Pour la petite anecdote, lors de fouilles sous la Basilique St Pierre à Rome en 1960, fut trouvé un reliquaire contenant neuf fragments d'os. Un examen médico-légal avait révélé qu'il s'agissait des restes d'un homme d'environ 61 ans au Ier siècle. Il n'en fallut pas plus pour le pape Paul VI, en 1968, pour annoncer ces restes humains comme reliques de l'apôtre Pierre... Déroutant de facilité.

Quant à la crucifixion, celle de la Bible semble erronée, car en réalité, il ne s'agit pas vraiment d'une croix, et le supplicié n'est pas en hauteur, mais attaché et parfois cloué debout, à une poutre horizontale soutenue par deux pieux fourchus (Crux), et en général, le supplicié mourrait par étouffement, car épuisé par la souffrance, il s'affalait sur lui-même, et son cou ne supportant plus le poids de la tête, il mourrait étouffé. Et ce supplice pouvait durer plusieurs jours, et non trois heures comme dans les Évangiles. Et pour ceux qui croient aux reliques, aucune n'est vraie ! La première relique était soi-disant des morceaux de la « vraie croix », morceaux apparus comme par enchantement au IVe siècle. Et au Moyen-âge, sont apparues d'autres reliques, toutes plus fausses les unes que les autres. La seule réalité est que si Jésus a existé, il n'a laissé aucun écrit de sa main, aucun objet qui pourrait l'identifier, et aucune relique de tissus ou autre. Certains parleront encore de ce fameux « rabbi Yeshua ben Yoseph », dont aucune preuve ne peut confirmer son existence, pas plus que pour Jésus-Christ. Joseph le charpentier, est aussi un illustre inconnu : le « beau-père » de Jésus, est nommé une dernière fois lorsque Jésus se trouve au Temple lorsqu'il avait 12 ans, après cet épisode, plus un seul mot de Joseph, nulle part ! Il a pourtant élevé le fils de Dieu… Dans l'Évangile attribué à Marc, pas un seul mot sur Joseph, et aucune parole de Joseph n'est rapportée dans les Évangiles. Une conclusion s'impose : Jésus de Nazareth dit « le Christ », n'est qu'une figure théologique, car en réalité, historiquement ou archéologiquement, nous ne savons absolument rien sur Jésus. Dans le Nouveau Testament, il y a un trou sur sa vie depuis sa petite enfance jusqu'à l'âge adulte, lorsqu'il commence ses prêches et fait des miracles dans différents endroits. Il y a seulement cette petite signalisation dans l'Évangile attribué à Luc au chapitre 4 verset 41, où est expliquée brièvement la présentation de Jésus au Temple à ses douze ans. Finalement, en approfondissant les recherches, on trouve bien plus d'arguments sur un Jésus fabriqué, que sur Jésus Dieu et fils de Dieu des Évangiles.

Judas Iscariote, le « Traitre »

Judas est un Juif de Judée, il n'existe pas de détail sur sa date de naissance, sinon qu'il devait avoir entre 25 et 30 ans lors de la « trahison ». Sa mort, après avoir trahi Jésus, est aussi à double explication : pour Matthieu (27 : 5), regrettant son geste il alla se pendre. Dans les Actes des Apôtres (1 : 18), il chute tellement fort dans le champ acheté avec le prix de sa trahison, qu'il se rompt par le milieu et que ses entrailles se sont répandues… Pour certains experts, l'historicité de Judas Iscariote suscite le doute, il semble n'exister que pour symboliser la trahison. De plus, cette trahison de Judas, semble être une réécriture d'un épisode de la vie du roi David, relaté dans le deuxième livre de Samuel (Ancien Testament), qui parle de la trahison d'Achitophel, le fidèle conseiller de David, qui prit de remords, va se suicider comme par hasard, également au mont des Oliviers. L'épisode des trente deniers, prix de la trahison, découle de Zacharie 11 : 12 dans la Bible hébraïque. Paul de Tarse, lui, écrit simplement « dans la nuit où le Seigneur a été livré », donc, Paul ne connaît pas Judas, et ne le nomme dans aucune de ses lettres. Et enfin, il existe aussi un « Évangile de Judas », Évangile gnostique daté d'entre le IIe et le IIIe siècle, et donc déclaré apocryphe. Judas est devenu l'image parfaite du traître, et encore de nos jours dans

certaines expressions comme « le baiser de Judas »,
ou « traître comme Judas »...

Les signalisations non chrétiennes de Jésus-Christ

Les apologistes chrétiens aiment mettre en avant
les signalisations non chrétiennes de Jésus, ils
confirmeraient l'existence du personnage, puisque
non-chrétiennes. Le problème est que lorsque nous
lisons ces témoignages, en réalité, ils ne témoignent
de rien du tout. Voyez plutôt :

Philon D'Alexandrie

Un des plus célèbres chroniqueurs contemporains
à Jésus-Christ est sans nul doute Philon d'Alexandrie,
dit « hellénisé ». Il est né en 20 av. J.-C. et est mort en
45 de notre ère et donc, totalement contemporain de
l'époque du Christ. Il y a attestation de sa présence à
Jérusalem à cette époque, par des écrits attestant sa
fréquentation de la synagogue. Philon dans ses textes
sur la région, parle de Ponce Pilate, mais pas un seul
mot sur un « Jésus dit roi des Juifs », ou de ses apôtres
qui propageaient ce qui allait devenir le christianisme.
Par contre, les chercheurs ont trouvé des idées de
Philon d'Alexandrie dans l'Épître aux Hébreux et
dans les Évangiles de Jean et de Luc... Et on sait

également que le premier père de l'Église, Clément d'Alexandrie, fait un usage intensif de l'œuvre de Philon d'Alexandrie. Historiquement, les œuvres de Philon passent en grande partie dans les mains des chrétiens vers 115-117, après la « Guerre de Kitos », des Juifs contre les Romains.

Flavius Josèphe

Proche de l'époque du Christ, mais pas contemporain, un autre historien juif célèbre, Yosef Ben Matityahu, dit Flavius Josèphe, qui s'était romanisé mais en restant adepte du judaïsme. Il est né en 38, et mort vers l'an 100. Historiographe judéen, Flavius Joseph doit sa postérité aux chrétiens, car ses compatriotes juifs n'ont jamais cité ses œuvres dans leur littérature, où l'on ne peut trouver aucun de ses ouvrages, « La guerre des Juifs », ou « Antiquités judaïques ». La raison fut que les Juifs trouvaient les œuvres de Flavius trop proches de ce qui deviendra le Nouveau Testament. Et il est très étrange qu'un Juif pratiquant, écrive ceci (dans Antiquités judaïques livre XVIII 3 : 3) "Vers le même temps vint Jésus, homme sage, si toutefois, il faut l'appeler un homme. Car il est un faiseur de miracles et il est le maître des hommes qui reçoivent avec joie la vérité. Il attira à lui beaucoup de Juifs et beaucoup de Grecs. C'était le Christ. Et lorsque sur la dénonciation de nos premiers citoyens (les Juifs), Pilate l'eut condamné à la crucifixion [...] Il leur apparut trois jours après ressuscité [...] Et le groupe appelé après lui des chrétiens n'a pas encore disparu." Voilà la seule et unique signalisation de Jésus par Flavius Josèphe, et c'est raconté comme dans les textes évangéliques. Josèphe n'est donc pas un témoin, mais un rapporteur de faits qui lui ont été racontés. Et ce n'est pas tout : au IVe siècle, les chrétiens produisirent une libre adaptation en latin de « La Guerre des Juifs », et des passages des « Antiquités Judaïques », dont on sait très bien qu'il y eut des ajouts. Et c'est d'ailleurs dans cette adaptation chrétienne que l'on trouve des références à Jean-Baptiste et ce fameux passage sur Jésus-Christ. Il faut bien se dire, que Flavius Josèphe, qui avait reçu une éducation rabbinique, et qu'une de ses occupations, était de transmettre la tradition judaïque, sa croyance ne pouvait faire qu'il ait écrit sur Jésus, « c'était le Christ », car dans sa propre croyance, le Messie était toujours à venir.

Publius Cornelius Tacite

Tacite est considéré comme un des plus grands historiens de la Rome impériale. Vers 110, donc 77 ans après la disparition du Christ, il écrit les « Annales » (Ab excessu diui Augusti), dont il ne reste malheureusement que peu de traces. Dans ce qui est perdu, il y a la fin du règne de Tibère entre 33 et 37, l'entièreté du règne de Caligula, le début du règne de Néron et les deux dernières années du règne de Néron. Mais on sait que Tacite puisait ses sources dans les ouvrages d'autres historiens ou chroniqueurs. Néanmoins, dans les « Annales » on peut lire ceci (Tacite évoque l'incendie de Rome en 64, dont les chrétiens accusaient Néron d'en être l'auteur, or, il est assez certain historiquement, que Néron n'était pas à Rome lors de cet incendie, c'est une des raisons principales pour laquelle il fit persécuter les chrétiens.) :

« Chrestianos, ce nom leur vient de Christus, qui a subi la peine extrême pendant le règne de Tibère aux mains de l'un de nos procureurs, Ponce Pilate, et une superstition exécrable a éclaté non seulement en Judée, première source de ce mal, mais même à Rome […]. Donc, la seule chose qu'atteste Tacite dans ce texte, c'est l'existence de chrétiens, pas de celle de Jésus, il ne signale Jésus que via un autre texte qu'il a lu, comme il le faisait pour ses autres chroniques.

Caius Plinius Caecillius Secondus (Pline le Jeune)

Pline le Jeune, fut un sénateur et avocat romain d'entre le premier et le deuxième siècle. Son travail littéraire nous est aussi partiellement venu. En 112, il devient gouverneur de la Bithynie (nord-ouest de la Turquie actuelle). Il écrit une lettre à l'empereur Trajan, pour lui demander comment il faut traiter les chrétiens (Lettres et panégyrique de Trajan : X/97/5-7) extraits : "Ceux qui niaient être chrétiens ou l'avoir été, s'ils invoquaient les dieux selon la formule que je leur dictais [...] si en outre ils blasphémaient Christus [...] j'ai pensé qu'il fallait les relâcher [...] ces chrestianos chantaient un hymne antiphonique à Christus, considéré comme un Dieu [...]."

Il s'agit donc de chrétiens de Turquie, au deuxième siècle, et cela encore une fois, ne prouve pas l'existence de Jésus et ne révèle rien de nouveau à propos du personnage de Jésus. Ces écrits ne sont que des indices à la croyance chrétienne que Jésus aurait existé, ce n'est en rien une preuve de son existence réelle.

Caius Suetonius Tranquillus (Suétone)

Avocat, historien et archiviste romain pour l'empereur Hadrien, Suétone a laissé plusieurs livres d'histoire, certaines de ses œuvres sont perdues et ne sont connues que par leurs titres, quelques copies, ou par quelques fragments de citations. Il était ami avec Pline le Jeune. Suétone mentionne aussi les chrétiens dans son livre "Vies des douze Césars", et dans une autre œuvre, "Nero XVI", il signale "la punition infligée aux chrétiens, une classe d'hommes donnée à une superstition nouvelle et espiègle." Dans son œuvre "Vie de Claude" 25 : 11 il écrit : » Il chassa de la ville les juifs qui se soulevaient sans cesse à l'instigation d'un certain Chrestus. » Faut-il considérer que « Chrestus » soit « Christus » ? Et signalons que Claude fut empereur de 41 à 54, donc après la date supposée de la mort de Jésus. Assez proche donc, et faible en détail. Cela ne constitue donc pas une preuve de son existence. Voilà les seules signalisations non chrétiennes sur Jésus.

Le concile de Nicée (325 de notre ère), ou les bases du christianisme actuel

Remontons avant ce concile : étaient apparues au sein des diverses communautés chrétiennes réparties dans l'Empire Romain, des dissensions dogmatiques avec diverses interprétations et compréhensions de la doctrine chrétienne. Il y avait cette question essentielle sur la divinité ou non de Jésus-Christ. Un prêtre du nom d'Arius refuse cette divinité et incite la communauté qui l'entoure à croire comme lui. Cela amena des émeutes et de la violence dans des combats entre chrétiens. À cette époque, l'Empire Romain est sous le règne de Constantin, qui s'était converti au christianisme (l'histoire nous dit néanmoins qu'il n'avait pas abandonné les anciennes pratiques païennes, et nous verrons plus loin pourquoi, il s'est converti au christianisme).

En 325, Constantin convoque les 300 évêques les plus influents de l'Empire et organise le premier concile œcuménique à Nicée, où il fait voter un credo où se trouve cette attestation de foi, encore en application de nos jours : « Nous croyons en un seul Dieu Père tout-puissant, créateur de toutes choses visibles et invisibles. En un seul Seigneur Jésus-Christ, Fils unique de Dieu, né du Père [c'est-à-dire de la substance du Père, Dieu de Dieu], lumière de lumière, vrai Dieu de vrai Dieu ; engendré, et non fait, consubstantiel au Père, par qui tout a été fait [ce qui est au ciel et sur la terre] ; qui pour nous, hommes, et pour notre salut est descendu, s'est incarné et s'est fait homme ; a souffert, est ressuscité le troisième jour, est monté aux cieux, et viendra de nouveau juger les vivants et les morts. » [Ceux qui disent : il y a un temps où il n'était pas : avant de naître, il n'était pas ; il a été fait comme les êtres tirés du néant ; il est d'une substance, d'une essence différente, il a été créé ; le Fils de Dieu est muable et sujet au changement, l'Église catholique et apostolique les anathémise]. Ce credo fut signé par tous les participants, sauf Arius et un ou deux autres évêques. Ils ont été exilés d'abord, puis excommuniés.

Conséquences de ce concile

On pourrait croire que Constantin n'aurait organisé ce concile que pour mettre fin aux dissensions et pour unifier les différents courants chrétiens en établissant une doctrine commune. Il aurait demandé aux évêques de se baser sur les écritures des Pères de l'Église qui les ont précédés, et de trouver un accord unanime au sujet de la divinité de Jésus. Et c'est là que Constantin leur demande de fixer cette profession de foi, qui sera appelée « Le Symbole de Nicée ». Et pour faire respecter les décisions du concile, Constantin donnera à l'Église son pouvoir militaire, et les contrevenants iront en prison, en exil et seront excommuniés. Lors de ce concile, Constantin arrive même à éclipser l'autorité du pape de l'époque, Sylvestre Ier, qui d'ailleurs, n'assistera pas au concile. Par cet événement, Constantin va s'autoproclamer « serviteur et représentant de Dieu sur terre », et il se place à la tête de l'Église. C'est ce qui est appelé le « césaropapisme », qui va mêler pouvoir religieux et pouvoir politique, et qui aura un contrôle total des populations de l'empire. À partir de ce concile de Nicée, les chrétiens devront prononcer cette attestation de foi, sous peine d'emprisonnement, d'exil et d'excommunication, et d'être considérés comme mécréants. C'est aussi ce concile qui va poser les bases du fonctionnement de l'Église chrétienne. C'est aussi après ce concile que le christianisme va devenir petit à petit, la première religion au monde, l'Empire Romain couvrant des territoires sur le continent européen, mais également en Orient et en Afrique. Et le piège se referma... Quel piège me direz-vous ? Ce piège est clairement la prise de pouvoir total de Constantin par l'imposition de la croyance en Jésus-Christ décidée par des hommes trois siècles après son existence supposée. Cet empereur s'est arrogé le pouvoir spirituel pour en faire un instrument social et politique dans un but de contrôle absolu des populations. Voilà surtout, comment le christianisme s'est si facilement répandu, par la force ! Combien de chrétiens dans le monde connaissent cette histoire ? Ce piège usant du spirituel pour avoir le pouvoir, comme l'ont fait trois siècles plus tard les califes, pour instaurer l'islam. Constantin a transformé une communauté de croyants en une institution d'État ! Ce n'était plus vraiment Dieu, le maître de l'Église, mais l'empereur. Et voilà une des raisons principales de la conversion de Constantin au christianisme, asseoir son pouvoir ! Car l'histoire est claire à son sujet, il était devenu chrétien, mais continuait les sacrifices aux idoles païennes ! L'histoire rappelle également que c'est avec l'argent des églises, que Constantin financera la capitale qui portera son nom, Constantinople...

Ce système politico-religieux se confirma un peu plus tard, vers 380 par l'empereur Théodose, ce dernier disait dans un édit : « le bien de notre empire dépend de la religion, car une connexion très étroite rapproche l'ordre civil et l'ordre moral. Ils se compénètrent l'un l'autre, et chacun d'eux tire avantage de l'accroissement de l'autre. » Plus loin encore, vers 754, cette politisation du christianisme prendra une dimension encore plus grande : le roi français Pépin le Bref, donne à l'Église ses premiers territoires pontificaux, en récompense de son aide pour avoir renversé le roi Childéric III. Et c'est une date importante, car dès lors, l'Église possède des terres et crée son propre royaume temporel. Et avec ça, elle s'enfonce encore plus dans la politisation de la religion, puisque le pape devient un chef d'État, avec des représentants diplomatiques les « nonces ». Certains chercheurs biblistes et théologiens sérieux disent que la politisation de la religion a engendré des déviations parfois profondes, qui ont marqué la chrétienté tout au long de son histoire, et jusqu'à nos jours. Et on peut retenir trois conséquences de cette politisation, avec les contre-valeurs qu'elles représentent : le cléricalisme, le communautarisme religieux et le compromis politique. Les chrétiens qui ont pris la peine d'étudier l'histoire de leur religion peuvent légitimement penser que si Jésus a existé, son message initial a été défiguré, transformé par la politisation.

Pour en finir avec l'histoire de Jésus

À une époque aussi proche de celle de Jésus, vers l'an 160, soit environ 127 ans après sa mort supposée, un théologien-philosophe romain du nom de Celse disait ceci à propos des chrétiens dont il critiquait le culte :

« Dans ces derniers temps, les chrétiens ont trouvé parmi les Juifs un nouveau Moïse qui les a séduits mieux encore. Il passe auprès d'eux pour le fils de Dieu et il est l'auteur de leur nouvelle doctrine […] on sait comment il a fini. Vivant, il n'avait rien pu faire pour lui-même ; mort, dites-vous, il ressuscita et montra les trous de ses mains. Mais qui a vu tout cela ? [...]" Ce même Celse a dit à propos de la doctrine des chrétiens : « Encore faut-il que cette doctrine soit fondée en raison. Ceux qui croient sans examen tout ce qu'on leur débite, ressemblent à ces malheureux qui sont la proie des charlatans et qui courent derrière les métragyrtes (prêtres mendiants polythéistes), les prêtres mithriaques (du mithraïsme – zoroastrisme), ou sabbadiens (?), ou autres divinités semblables, la tête perdue de leurs extravagances et de leurs fourberies. Parmi les chrétiens, plusieurs d'entre eux ne veulent ni donner ni écouter les raisons de ce qu'ils ont adopté, ils préfèrent dire communément : « n'examine point, croit plutôt, et la foi te sauvera… »

Il y a donc près de 2000 ans, des érudits raisonnaient déjà.

Malgré quelques informations fausses, montées par des apologistes du christianisme, on ne connaît pas l'endroit exact où aurait été déposé le corps de Jésus après sa mort sur la croix, et où s'est passée sa résurrection, incroyable miracle, qui n'est signalé que par la tradition chrétienne. Il en est de même avec les endroits où auraient été enterrés les compagnons de Jésus, les « apôtres ». Il existerait quelques emplacements signalés comme tombe de patriarches du judaïsme, mais on sait très bien aussi, même les archéologues de l'Université hébraïque de Jérusalem le savent, que ces emplacements ont été fixés par la tradition judaïque, et que cela n'a aucune valeur historique, tout comme le Saint-Sépulcre des chrétiens.

En toute logique, Jésus n'est devenu l'égal de Dieu qu'après sa résurrection, puisqu'avant cela, il est mort. Et un Dieu, même incarné dans un corps humain, ne peut mourir…

Selon le Nouveau Testament, Jésus étant annoncé comme le nouveau roi des Juifs, le roi Hérode aurait fait égorger tous les petits enfants mâles de l'âge de Jésus, en espérant ainsi l'éliminer. (Massacre des Innocents biblique). Et tout ce que Dieu « le père » a trouvé, c'est d'envoyer un ange prévenir les parents humains de Jésus, de fuir vers l'Égypte, pour sauver Jésus de l'épée ? Ce Dieu ne sait donc pas défendre la vie de son fils, et le sauve en laissant Hérode massacrer les petits enfants mâles du pays où son fils devra plus tard, propager sa religion… Absurde !

Dans la Torah (cinq premiers livres de la Bible hébraïque, ou « l'Ancien Testament »), dans les Psaumes 22 (ou 21 dans la numérotation grecque), on peut lire en araméen : « Eloï, Eloï, lama sabactani », phrase que l'on retrouve dans le Nouveau Testament dans « La Passion du Christ », lorsque Jésus est sur la croix et qu'il dit : « Mon Dieu, Mon Dieu, pourquoi m'as-tu abandonné ? », ce qui est la traduction de ce qui est écrit dans les Psaumes ! Le Nouveau Testament attribue donc ces paroles à Jésus, alors qu'elles furent écrites plusieurs siècles avant son arrivée sur terre. Et il ne s'agit en rien d'une « prophétie ». Une seule conclusion s'impose à mon esprit : Jésus Christ de Nazareth est un personnage inventé.

Chapitre IV
L'Islam

Le prophète Muhammad

Je vais d'abord parler de ce personnage et de son histoire, tel que raconté par la tradition musulmane, et je vais mettre plusieurs conditionnels, car seule la tradition musulmane est la source de l'existence du prophète Muhammad, et de sa généalogie. Vers 545, serait né un certain Abd-Allah Ibn Abd-Al-Muttalib (Allah était déjà le nom en arabe, donné au dieu principal, chez les polythéistes, mais aussi chez les Arabes chrétiens, nombreux à cette époque.) Il est un « sayyid » (seigneur) du clan Hachémite de la tribu des Quraysh. Peu avant 570, il épouse Amina Bint Wahb, la fille d'un autre chef de clan, les Banu Zuhra, également de la tribu des Quraysh. Amina est enceinte de 7 mois, lorsque son époux Abd-Allah part en voyage d'affaires vers la Syrie. En chemin, il serait tombé gravement malade et aurait perdu la vie deux mois avant la naissance de son fils. Amina donne naissance à un garçon qui sera appelé Muhammad (son nom complet, lorsqu'il est adulte, sera Abù Al-Qâsim Muhammad Ibn `Abd-Allah Ibn `Abd Al-Muttalib Ibn Hâshim), il naît à La Mecque, le 12 du mois de Rabi `al-Awwal (qui serait le premier mois du printemps), et pendant l'année dite « de l'Éléphant » (`âm al-fil), qui correspond à l'an 571. Muhammad, fils et petit-fils de chef de clan, devait selon la coutume pour un enfant de son rang, être élevé à la dure par des Bédouins du désert, et après avoir allaité l'enfant quelques jours, Amina confia son fils Muhammad, à une nourrice de la tribu des Banu Sa'd, d'Arabie du Nord, du nom de Halîmah Bint Abi Ghuayb. Cette dernière avait un époux et quatre enfants, un garçon, Abdullah, et trois filles. Lorsque Muhammad eut trois ou quatre ans, il arriva une étrange histoire. Abdullah arriva en criant chez sa mère en disant que deux hommes vêtus tout de blanc, avaient attrapé Muhammad et lui avaient coupé dans sa poitrine. Lorsque Muhammad fut interrogé, il dit que ces deux hommes lui avaient ouvert la poitrine et qu'ils en avaient pris une partie... Halîmah et son époux, par peur, décidèrent alors de ramener Muhammad à sa mère. En 577, toujours selon la tradition, alors que Muhammad à six ans, sa mère Amina meurt, ils sont alors dans la région d'Al-

Abwâ", près de Yathrib, future Médine. Pour l'anecdote, la tombe d'Amina, mère du prophète, aurait existé jusqu'en 1998, avant d'être détruite, comme le furent de nombreux sites liés à l'islam, par l'État saoudien. (on ne sait pas trop pourquoi, mais les maîtres saoudiens ont détruit quasi tout ce qui pouvait se rapporter à l'histoire de l'islam...) Muhammad est alors recueilli par son grand-père paternel, `Abd Al-Muttalib. Cela ne dure que deux ans, et sur son lit de mort, Al-Muttalib confie Muhammad à son fils aîné, Abu Talib. Ce dernier aurait élevé Muhammad comme son propre fils. Lorsque Muhammad a 12 ans, la tradition raconte qu'Abu Talib se lance dans le commerce caravanier avec la Syrie, et Muhammad demande de l'accompagner. Il y a à propos de cette partie de l'histoire, un élément que la tradition ne dit pas : la coutume à l'époque, alors que ces régions étaient dirigées par des rois chrétiens, voulait que lors d'un voyage, un moine chrétien reconnaisse sur ce voyage, le signe de la vocation prophétique, il est donc étonnant, que Muhammad ayant vécu longtemps dans le milieu caravanier, n'ait pas gardé de souvenir des traditions chrétiennes d'Arabie, et que ses allusions au christianisme selon ses biographies (sîra), soient si éloignées de ce qu'il aurait dû savoir, voir et entendre de cette religion. Cette partie de l'histoire de Muhammad constitue donc déjà un élément de doute.

Selon les sîra (biographies) des biographes-historiens, Ibn Ichâm au IXe siècle, Tabari entre le IXe et le Xe siècle ou Ibn Kathir au XIVe siècle (donc, aucun témoin direct), vers 590, les Quraychites (tribu dont est issu Muhammad), auraient déclaré la guerre aux tribus de Kénan et de Hawazan (événements réels ou fictifs connus sous le nom « d'al-fijâr » ou « guerre impie »). Les troupes Quraysh auraient été menées par l'oncle de Muhammad, Abû Talib. Le futur prophète accompagnait son oncle, et se serait distingué dans les combats. Une source de la tradition, toujours très peu crédible, dit qu'à cette époque, la Ka'ba (sanctuaire de La Mecque autour duquel tournent les pèlerins) aurait été fortement endommagée par de fortes pluies et des inondations, et que les Quraysh l'auraient détruite et reconstruite…

Un petit peu plus tard, Muhammad entre au service d'une riche veuve, Khadija Bint Khuwaylid, une femme commerçante de 40 ans (Muhammad a alors environ 25 ans). Cette femme a l'habitude de diriger des hommes dans ses affaires caravanières, et Muhammad devient son homme de confiance. Vers 695, Khadija lui propose le mariage, ce qui fut autorisé par l'oncle Abû Talib. Entre ses expéditions commerciales vers la Syrie, la tradition raconte que Muhammad aimait se reposer ou se recueillir dans une grotte, et un jour, en 610, en revenant de la grotte, Muhammad dit à sa femme avoir entendu un esprit (narré dans la sîra de Tabari), et elle lui aurait répondu qu'il s'agissait de l'ange Gabriel. Elle serait allée en parler à son cousin, Waraqa Ibn Nawfal, qui était un prêtre chrétien nestorien. Et ce dernier aurait reconnu en Muhammad, le nouveau prophète. Ainsi, en croyant aux histoires de son mari, Khadija serait devenue la première convertie. (selon la tradition, le second converti aurait été Abu Bakr, qui devint le premier calife après la mort de Muhammad.). Selon la tradition toujours, Khadija est la seule parmi les nombreuses épouses du prophète, à avoir reçu le salut de l'ange et d'Allah lui-même. Cette histoire est un petit peu tirée par les cheveux, un prêtre chrétien qui reconnaît en Muhammad, le prophète d'une autre religion, c'est très spécial.

En 619, Muhammad perd non seulement son oncle Abû Talib, mais devient veuf également avec la mort de Khadija, et en même temps, il perd ses appuis les plus importants. Muhammad aurait effectué lorsqu'il vivait encore à La Mecque, de nombreuses retraites spirituelles (appelées « tahannuth »), et continué à recevoir des révélations du Coran par Allah, mais pas directement par lui, mais par l'intermédiaire de l'ange Gabriel (Jibril en arabe). Ces retraites se faisaient dans la « grotte de Hira », qui serait localisée sur le mont Jabal Al-Nour, à 4 km de La Mecque dans le Hedjaz saoudien. Selon la tradition, par Tabari et d'autres, c'est lorsque Muhammad eut 40 ans qu'il commença à transmettre des versets qu'il prétendait être révélés par Allah, et dictés en arabe par Gabriel/Jibril. Cette dictée aurait duré 23 ans, jusqu'à la mort de Muhammad. De nombreuses révélations arrivaient selon les péripéties de la vie de Muhammad, et tombaient souvent bien à point pour justifier ses actes.

Le monothéisme prêché par Muhammad est très mal vu des Mecquois, qui sont sans doute essentiellement chrétiens à cette époque (et non-polythéistes comme voudrait le faire croire le Coran), et les attaques de Muhammad sur leurs « idoles » (selon la tradition) ne leur plaisaient pas du tout. Et si certains membres de la tribu se sont convertis à la nouvelle religion de Muhammad, les autres plus nombreux refusaient d'abandonner leurs croyances. Le clan a un nouveau chef, Abû Lahab, un autre oncle de Muhammad, mais cet oncle n'aime pas Muhammad, il n'aime pas quand Muhammad prêche pour son nouveau Dieu unique, alors que sa tribu a d'autres croyances. Abû Lahab, excédé, fini par bannir son neveu du clan, et en 622, un premier exil se fait par des compagnons de Muhammad, qui vont demander asile au Négus d'Éthiopie. Entre-temps, Muhammad fait connaissance avec des habitants de

Yathrib (future Médine), qui l'invitent à s'y rendre. C'est alors l'Hégire (émigration, exil), le 22 juin 622, les habitants de Yathrib signent un pacte, un traité, avec Muhammad, et ce dernier et ses compagnons peuvent aller vivre à Yathrib, où selon la tradition, ils seront rejoints par ceux partis en Éthiopie. Il faut savoir que cet épisode de la vie de Muhammad n'existe que dans des textes de la tradition musulmane, comme ceux de Tabari ou d'Ibn Ishaq. Car si vous lisez « l'Encyclopédie de l'Islam », 13 volumes publiés en 1913 par un éditeur hollandais, aux pages 366 et 367, sans doute l'œuvre la plus complète de l'histoire de l'Arabie de cette époque et de l'islam, il est indiqué que « toutes les histoires attachées à l'Hégire ne sont pas à croire... » Pour l'anecdote, le Coran fait passer les habitants de La Mecque, les Quraysh, pour des polythéistes. Or, le polythéisme n'existait quasi plus dans ces régions d'Arabie depuis un bon moment, puisque sous le règne de la dynastie des Himyar, d'abord influencée par le judaïsme, l'Arabie était principalement chrétienne, et donc monothéiste depuis plus d'un siècle avant l'arrivée de l'islam. Les rois himyarites avaient interdit le polythéisme en 390, et détruit la plupart des temples païens.

Lors de l'Hégire (lorsque Muhammad est chassé de La Mecque avec ses compagnons), selon la tradition, Muhammad et son compagnon Abu Bakr, auraient été les derniers à quitter La Mecque, le 24 septembre 622. C'est la date retenue par Omar, le deuxième calife, pour marquer le début du calendrier musulman. Une fois installés à Yathrib/Médine, selon la tradition toujours, Muhammad et ses compagnons auraient manqué de ressources, et auraient monté plusieurs razzias et expéditions contre des caravanes marchandes qui s'arrêtaient aux oasis. Une de ces attaques est devenue la « Bataille de Badr », attaque d'une grande caravane marchande. Étant en nombre inférieur, pour donner la victoire à Muhammad et ses hommes, Allah aurait envoyé un millier d'anges... Cette attaque aurait rapporté un gros butin, assez important pour qu'Allah descente une sourate à ce sujet (sourate 8, al-anfal – le Butin, 75 versets), ce qui permet à Muhammad d'instaurer des règles pour la répartition du butin. Pour en faire un vrai prophète, comme Jésus, des hadiths (faits, gestes et paroles de Muhammad rapportés par des compagnons), dits « sahih » (considéré par l'islam comme authentique), par les deux plus célèbres savants exégètes de l'islam, Al-Bukhari et Muslim, affirment que Muhammad aurait accompli des miracles. Il aurait fait que la lune se fende en deux, suite à des invocations, il aurait fait tomber la pluie à plusieurs reprises. Muhammad aurait aussi instauré la première Umma (communauté) unique à Yathrib, avec ceux qui avaient émigré avec lui (muhâjirûn), les habitants de Yathrib qui les recevaient (ansâr) et ceux qui avaient été convertis à Yathrib, dit « les auxiliaires ». Il y aurait eu également l'inclusion des tribus juives de Yathrib dans ce pacte et cette « Umma ». Yathrib va s'appeler « Al Madinah » (Médine). Vers 623, après une vision, Muhammad ordonne par Dieu de ne plus prier vers Jérusalem, mais vers La Mecque, ce qui marqua définitivement l'arabisation de l'islam. En 630, Muhammad et ses compagnons auraient repris La Mecque, et selon la tradition, sans devoir combattre, et le sanctuaire (la Ka'ba) qui était polythéiste (selon le Coran), devint le centre spirituel de la religion islamique. Le Coran, bien que pas encore écrit, devient la seule révélation authentique, confirmant Torah et Évangile, en les corrigeant. Dès lors, ceux qui se moquent ou désobéissent, risquent la mort, mieux vaut donc se convertir. De nombreuses batailles contre les « mécréants » se terminant par « la victoire de la foi en Allah », sont narrées dans la tradition musulmane. Aucune autre source ne signale ces combats, qui si pour certains, ont réellement existé, ont dû faire de nombreuses victimes, et selon les textes, les ennemis de l'islam étaient durement châtiés. L'esclavagisme fait également partie des pratiques de « butin », et les autres, soit se convertissaient, soit devenait des « dhimmis », qui payaient un impôt appelé « jizya », pour leur protection et l'autorisation de vivre parmi les musulmans. Malgré la prise de La Mecque, sa ville natale, et la conversion quasi générale des Mecquois, Muhammad décide de s'établir à Médine, d'où il va commander ses troupes. Alors que l'islam permet à ses croyants d'épouser quatre femmes, Muhammad aurait eu, grâce à Dieu, 13 épouses et 8 enfants, et par un étrange concours de circonstances, aucun de ses trois fils ne dépasse l'âge de trois ans : Qasim Ibn Muhammad décède à l'âge de 3 ans, Abdullah Ibn Muhammad à l'âge de 2 ans, et Ibrahim à l'âge de 2 ans aussi. Ses filles n'ont pas un rôle important dans l'islam et toutes sont mortes avant leurs 30 ans. Muhammad semble avoir été le messager d'un Dieu qui n'aimait pas ses enfants… Un de ses mariages fait polémique depuis plusieurs siècles : selon la tradition, le plus fidèle des compagnons de Muhammad, Abu Bakr a une fille en 614 avec son épouse Umm Rûmmân, qu'ils appellent Aïcha. Elle sera donnée pour épouse à Muhammad à l'âge de 6 ans (Selon Al-Bukhari et Muslim, dans leur « sahih » (hadiths déclarés authentiques), et il consommera ce mariage à ses 9 ou 10 ans, selon la source. Ce qui fait planer l'ombre de la pédophilie et fait grimper au mur les croyants les plus fondamentalistes, qui tentent depuis des siècles de vieillir Aïcha au moment de la consommation du mariage. Et enfin, pour abréger cette histoire qui comporte d'autres faits que raconte la tradition, Muhammad serait mort un 8 juin 632, à l'âge de 63 ans, et suite selon les sources, à une maladie ou par empoisonnement par son esclave juive. Il sera remplacé comme premier calife par son fidèle ami et beau-père, Abu Bakr. Il va sans dire, que ni historiquement, ni archéologiquement, l'existence de Muhammad tel que décrit par la tradition musulmane n'est prouvée, aucune vraie relique, aucun texte de sa main, aucune descendance directe. L'historicité du prophète de l'islam n'est connue que par la transmission de la tradition musulmane. Tous les historiens sont confrontés dans leurs recherches à l'extrême rareté voir, un certain vide de sources crédibles, fiables autres que celles de la tradition et des quelques signalisations dans le Coran. Seuls les biographies (sîra) et les hadiths racontent des histoires sur le prophète pendant sa prétendue vie, avec un monticule de détails, parfois abracadabrants. De plus, aucun de ces textes n'est contemporain à l'époque du prophète Muhammad, et date souvent de plus d'un siècle après sa mort. Dès lors, comme l'histoire de l'islam, de son Coran et de son prophète sont des textes tardifs, il est assez logique de penser qu'il s'agit d'une tradition mise en scène, avec une révélation divine (le Coran), un prophète à qui on établit une généalogie et une vie bien remplie. Pour ne citer que des chercheurs bien connus, des archéologues, historiens, épigraphes, paléographes,

92

philologues, tels Yehuda Nevo ou Muhammad Sven Kalish, avancent que Muhammad pourrait n'avoir jamais existé. Et si des apologistes de l'islam soutiennent que des sources non musulmanes attestent de son existence, la lecture de ces sources nous rassure sur le contraire, car signaler par « on dit que » et être témoin direct sont deux choses bien distinctes. Et nous allons voir ces principales sources non musulmanes, vous pourrez ainsi faire votre propre opinion.

Sources non musulmanes sur Muhammad. Évangile selon Saint-Jean

Les apologistes de l'islam aiment à dire que Muhammad aurait été annoncé dans la Bible, comme dans ce verset 16-17 de l'Évangile selon Jean, qui annonce l'arrivée du « paraclet », et que les musulmans veulent assimiler à une annonce de l'arrivée du prophète Muhammad. Mais si nous lisons le verset complet, il est dit clairement qu'il s'agit de « l'Esprit de vérité », soit le Saint-Esprit de la Bible dans le Nouveau Testament, et non Muhammad.

La Doctrina Jacobi

Une des premières traces signalant des troubles en Arabie peut se lire dans une œuvre apologétique chrétienne, d'un auteur inconnu : « La Doctrina Jacobi nuper baptizati » (l'Enseignement de Jacob, nouvellement baptisé). En gros, le texte raconte l'histoire d'un Juif, Jacob, devenu chrétien, qui à Carthage (Tunisie) en juillet 634, voulait convertir d'autres juifs au christianisme. Et on trouve cette narration dans le texte : « Mon frère Abraamès m'a écrit qu'un faux prophète est apparu. "Lorsque le Candidat fut tué par les Saracènes (Arabes), j'étais à Césarée – me dit Abraamès –, et j'allais en bateau à Sykamina ; on disait : le Candidat a été tué ! Et nous les Juifs, nous étions dans une grande joie. On disait que le prophète était apparu, venant avec les Saracènes, et qu'il proclamait l'arrivée du Christ Oint qui allait venir. Et moi (Abraamès), étant arrivé à Sykamina, je m'arrêtai chez un ancien très versé dans l'Écriture, et je lui dis : 'Que me dis-tu du prophète qui est apparu avec les Saracènes ?' Et il me répondit en gémissant profondément : 'C'est un faux prophète : les prophètes, viennent-ils armés de pied en cap ? Vraiment, les événements de ces derniers temps sont des œuvres de désordre, et je crains que le premier Christ qui est venu, celui qu'adorent les chrétiens, ne soit bien l'envoyé de Dieu, tandis que nous nous apprêtions à recevoir Hermolaos à la place. Isaïe disait en effet que les Juifs auraient un cœur perverti et endurci jusqu'à ce que toute la Terre soit dévastée. Mais Abraamès, renseigne-toi sur ce prophète qui est apparu. Et moi, Abraamès, ayant poussé l'enquête, j'appris de ceux qui l'avaient rencontré qu'on ne trouve rien d'authentique dans ce prétendu prophète : il n'est question que de massacres. Il dit aussi qu'il détient les clés du paradis, ce qui est incroyable. »

« Saracène », est un des noms donnés aux Arabes, comme « Sarrazin », et les musulmans prennent cette partie du texte comme source non musulmane et historique, pour l'existence du prophète Muhammad, or, il n'est question que d'un « on dit », et non un témoignage direct. De plus, s'il faut croire la tradition musulmane, Muhammad est mort en 632, et ne pouvait plus être là en 634. Cette date n'est d'ailleurs que celle de la situation de l'histoire du livre, car pour de nombreux historiens, l'écriture du livre est plus tardive de plusieurs décennies, et il aurait été rédigé en Palestine.

La chronique de Théophile D'Édesse

Dans la copie d'une chronique perdue ou détruite d'un « Théophile » chrétien du VIIIe siècle, vers 775, du nom de Théophile d'Édesse, qui aurait été l'astrologue du calife abbasside Al-Mahdî, qui participa également aux traductions en arabe des textes grecs, il y a un texte où un passage parle d'un « Mahomet », qui lors d'un voyage commercial de Yathrib (Médine) en Palestine, aurait été attiré par la religion du Dieu unique. Et lorsque ce Mahomet revint chez lui, il proposa cette croyance à sa tribu. Il dirigea ensuite une troupe avec ceux qui l'avaient suivi dans sa nouvelle croyance, et en montant avec eux vers la Palestine, ils auraient fait des razzias, des pillages, qui leur auraient rapporté des butins importants (on peut trouver ce texte plus complet dans une traduction d'Alfred de Prémare dans son livre « Les fondations de l'islam. »). Il y avait donc peut-être, un chef de guerre du nom de Mahomet qui aurait pu servir à la construction de la légende du prophète de l'islam, Muhammad. Mais encore une fois, il s'agit d'un texte tardif, loin de l'époque du Muhammad de l'islam.

La chronique de Thomas Le Presbytre

Dans un manuscrit du VIIIe siècle « Chronicon miscellaneum ad annum Domini 724 pertinens », dite aussi « chronique de Thomas le Presbytre », se trouvent des textes historiographiques en langue syriaque. Thomas est un prêtre jacobite du VIIe siècle, et le texte lui est attribué parce qu'une des dernières notices est signée, Thomas le prêtre ». Cette chronique relate l'envahissement de la Syrie vers 635. Mais un texte porte une date et signale un « Mahomet » : « Le 4 février 634, à la neuvième heure, une bataille s'engagea entre les Romains et les

Tayyayes (Arabes) de MHMT (supposé être l'anagramme de Mahomet) en Palestine, à l'est de Gaza. Les Romains prirent la fuite. Les Tayyayes tuèrent quatre mille pauvres paysans, des Chrétiens, des Juifs et des Samaritains... » On trouve des traces historiques d'une confrontation entre l'armée d'un des premiers califes et l'armée romaine byzantine vers 634 en Palestine, avec une victoire des Arabes. L'histoire dit que l'empereur Héraclius étant très malade, il était incapable de diriger ses armées pour résister à la poussée arabe en Palestine et en Syrie. Les Byzantins se seraient alors retirés d'Antioche pour rejoindre Constantinople. Héraclius aurait fait une citation en forme d'adieu à la Syrie, qui était « un bon pays pour ses ennemis... » (rapporté entre autres par Al-Baladhuri, un historien du IXe siècle). Encore une fois, peut-on voir dans ce texte, une preuve de l'existence de Muhammad, et deux ans après sa mort ?

La chronique de Sébéos

Selon la tradition arménienne, il y aurait eu vers 645, un prêtre/historien du nom de Sébéos. Il aurait fréquenté la cour de l'empereur perse, Khosro II. Sébéos serait peut-être l'auteur d'une chronique datant de 660, connue sous le titre de : « Histoire d'Héraclius ». Au chapitre 30, on peut y lire ceci : « À cette époque, il y avait un des enfants d'Ismaël (les

Arabes), du nom de Mahomet, un marchand ; il se présenta à eux (les Juifs) comme sur l'ordre de Dieu, en prédicateur, comme étant le chemin de vérité, et il leur apprit à connaître le Dieu d'Abraham ; car il était très instruit et versé dans l'histoire de Moïse. » Selon la suite du texte, Mahomet aurait poussé les Juifs à s'emparer du territoire que Dieu leur avait promis en le donnant à Abraham... D'abord, en 660, selon l'islam, Muhammad était mort depuis 28 ans, et était, selon la tradition, non pas « très instruit », mais illettré, comme de nombreux Arabes de son époque. Et ce soutien aux Juifs ne colle pas avec la tradition musulmane à leur sujet, où les Arabes les auraient plutôt persécutés, voire tués lors de leurs conquêtes après l'Hégire. D'autre part, de nombreux historiens mettent en doute la paternité de ce texte à Sébéos, d'où l'appellation « pseudo-Sébéos ». Et encore une fois, aucun témoignage direct.

La chronique du Khouzistan

Cette chronique est aussi connue sous le nom de « chronique anonyme de Guidi », du nom d'un orientaliste Italien, Ignazio Guidi, qui vers les années 1890, avait découvert dans une vieille bibliothèque, un manuscrit syriaque de la littérature de l'Église d'Orient, daté d'entre 660 et 670. On y trouve une chronique nestorienne traitant de l'Église chrétienne de Perse dans le dernier siècle de l'empire Sassanide. Dans ce document, on trouve également quelques renseignements sur la conquête de la Perse par les Arabes. Le nom de l'auteur n'est pas connu, mais certains chercheurs pensent qu'il s'agirait d'une chronique de l'évêque Elie de Merw, qui est souvent cité dans le texte, notamment pour avoir fait des miracles. À partir de la page 29, il est question de l'invasion de la Syrie par les Arabes, et leur victoire contre Héraclius. Un passage parle de la relation des Arabes avec la religion d'Abraham, et on y trouve ce récit : « Yazdgard, issu de la dynastie royale, fut proclamé roi dans la cité d'Istakhr, et son règne fut la fin de la royauté perse [...] Dieu leur suscita alors une invasion des fils d'Ismaël (arabes), innombrables comme les grains de sable sur le rivage. Leur chef était Muhammad [...]. » C'est un illustre orientaliste et traducteur de textes en langues sémitiques, Théodord Nöldeke, bien connu des chercheurs sur l'histoire de l'islam, qui avança que ce récit paraissait focalisé sur le Khouzistan, d'où le titre de la chronique. Encore et toujours, Muhammad est cité d'après un « on dit », aucun témoignage direct, et dans un texte tardif, bien après sa mort supposée en 632.

Les graffitis et autres « preuves »

Dans divers endroits d'Arabie, mais aussi en Palestine et dans les alentours de l'Arabie désertique, les archéologues ont trouvé de nombreux graffitis, sur des rochers. Les plus célèbres sont les graffitis du Néguev, qui ont été étudiés par des archéologues et des épigraphistes tels Yehuda Nevo, Mehdi Azaiez ou encore Frédéric Imbert. Ces recherches montrent que le nom de Muhammad commence à être prononcé qu'à partir du califat Omeyyade de Marwân Ier en 684. Un autre graffiti où est mentionné « Mahomet » dans sa version latine est daté de 693. Sur les premiers graffitis religieux, qui proposent la profession de foi musulmane, la « chahada » (Il n'est de Dieu que Dieu.), aucune mention de la seconde partie de la chahada que l'on trouve dans le Coran et qui mentionne que « Muhammad est son prophète ». Autre bizarrerie, quelques graffitis mentionnent celui qui fut selon la tradition musulmane, le deuxième calife, Omar Ibn Al-Khattâb. Or dans ces graffitis, Omar n'a aucun titre particulier. Les numismates ont aussi déchiffré le « MHMD » sur une pièce arabo-sassanide, qui se traduit par « le béni », et que cela désignait Jésus-Christ, et non Muhammad... Ce fut confirmé par un grand spécialiste de l'islam, le professeur Karl-Heinz Ohlig, qui enseignait les sciences des religions à l'Université de la Sarre en

100

Allemagne, et qui est également (s'il vit encore), un spécialiste de l'étude textuelle du Coran. Et enfin, les historiens savent aussi aujourd'hui, que contrairement à ce que disent les musulmans, « l'infaillibilité » prêtée à Muhammad depuis les premières révélations, est énoncé en fait pour la toute première fois en 855, par un juriste de l'islam, également théologien, du nom d'Ibn Hanbal.

Le Coran

Le Coran est le livre sacré de l'islam, je l'ai évoqué plus haut dans le texte, mais ce livre a aussi une histoire, et parfois bien différente de celle que croient les musulmans « lambdas ». En 632, date supposée de la mort du prophète Muhammad, il n'existait pas de Coran transcrit dans un livre, et les supports d'écritures désignés par la tradition, tels des feuilles de palmes, des peaux de bêtes, des tessons de poteries, voir les fameuses « omoplates de chameaux », rien de tout cela n'a jamais été retrouvé. Cependant et étrangement, et de nombreux musulmans semblent l'ignorer, l'élaboration du Coran par écrit, raconté par la tradition musulmane dit ceci : lorsque Muhammad meurt, c'est son ami Abu Bakr qui devient le premier calife, il aurait fait faire une première collecte des versets retenus par cœur par les compagnons de Muhammad, à la demande d'un autre compagnon,

Omar, car ce dernier avait peur que des textes coraniques retenus par cœur, ne se perdent, certains « compagnons » du prophète ayant perdu la vie ou étant gravement blessés lors des combats. Lorsqu'après Abu Bakr, c'est Omar qui devient le calife, avec l'aide de Zayd, un scribe de Muhammad, il fit une seconde collecte, qui aurait été mise par écrit sur des feuillets, et Omar en aurait donné une partie à garder par sa fille Hafsa, qui serait également une des veuves de Muhammad. Lorsque Othman devint le troisième calife, il récupéra les feuillets d'Hafsa et refit toujours avec Zayd et un autre scribe du nom d'Ibn Qays, une nouvelle collecte pour faire ce qui deviendra la « vulgate othmanienne », qui serait le Coran que nous lisons encore aujourd'hui. La tradition dit également, qu'Othman fit détruire les autres textes, car non conformes à ce que l'islam était ou devait devenir. Il fit porter un exemplaire de sa vulgate dans les principales villes conquises par l'islam. Aucun de ces Corans ne fut jamais retrouvé. Et ce n'est pas tout : vers le début du VIIIe siècle, le calife Abd Al-Malik y aurait apporté aussi des changements, et vers 714, le gouverneur d'Irak, Al-Hajjâj B. Yûsûf, aurait encore fait réécrire le Coran avec la nouvelle grammaire arabe, ou furent ajoutés les voyelles et les points diacritiques, car avant cela, un seul mot écrit en arabe ancien, pouvait avoir plusieurs significations. Quand on lit le Coran, sans être bloqué par la foi, on se rend compte que cette œuvre littéraire est un ensemble de textes formés d'éléments divers, sans vrais liens logiques ou chronologiques visibles entre les textes, qui passent, qui se répètent. Il y a par exemple, des répétitions sur des événements et personnages bibliques, une multitude de menaces de châtiments terribles dans l'au-delà en cas de mécréance, quelques affirmations pseudo-scientifiques comprenant les erreurs que faisaient les scientifiques de l'époque, et l'une ou l'autre légende, arabisée et mise sur le compte de l'islam. Idem pour les patriarches hébreux bibliques dont Jésus, qui deviennent tous des prophètes d'Allah. Dans le Coran, souvent le prophète parle sur l'ordre de Dieu, le verset commençant par « Dis ! », et lorsque Dieu parle, puisque le Coran est sa parole, il se nomme « IL » à la troisième personne du singulier, ou « Nous », première personne du pluriel, on ne sait donc pas très bien qui est cet « Il » ou ce Nous », Dieu, ou quelqu'un d'autre ? Le Coran ne dit rien sur la naissance de l'islam, ne dit rien de la vie de son prophète, dont le nom n'est cité que quatre fois dans le livre. Le Coran mentionne la bataille de Badr, et l'aide d'un millier d'anges envoyé par Allah pour aider les troupes de Muhammad, mais ne dit rien sur la conquête arabe. Mais voilà, pour l'ensemble des musulmans dans le monde, le Coran est incréé et non falsifié, car c'est la parole de Dieu.

Chapitre V
Les concepts paradis et enfer dans le Judaïsme

La tradition juive affirme que l'âme humaine serait de nature du souffle divin insufflé dans les narines d'Adam, le premier homme, pour lui donner la vie. Cette « âme » serait immortelle et survivrait après la mort physique. Cette vie éternelle est décrite par le terme « olam haba » (le monde à venir). Dans la tradition juive, il est aussi parfois question de « Gan Eden » (Jardin d'Eden), qui serait un jardin merveilleux où la Genèse biblique, juive et chrétienne, place l'histoire d'Adam et Ève (au paradis terrestre). Ce n'est que plus tard, dans les Talmuds de Jérusalem et de Babylone, puis dans l'Apocalypse de Jean dans le Nouveau Testament, que le « Gan Eden » sera associé au « pardes » (paradis en hébreu). La théologie juive admet donc l'existence du paradis, le Gan Eden, et aussi des enfers, ou du « Shéol » (séjour des morts), de la Géhenne (enfer). Rien n'est vraiment très clair à ce sujet, par exemple, le Shéol peut être divisé en quatre lieux : le premier pour les justes en attente du jugement dernier, le second pour les gens modérément bons, le troisième la Géhenne, ou les pécheurs sont punis, en attente du jugement lors de la résurrection et le quatrième, qui est le lieu de tourments éternels, qui ne méritent pas la résurrection… Ainsi, si certains versets semblent suggérer un au-delà, rien n'est jamais très clair au sujet du séjour des morts.

Dans le Christianisme

Pour les chrétiens, la Géhenne/enfer est un lieu de tourments éternels où sont envoyés les pécheurs. Le mot « paradis » n'est utilisé que dans le Nouveau Testament, c'est la demeure auprès de Dieu, des âmes des justes après leur mort. Ce n'est pas vraiment un lieu matériel, mais plutôt un état spirituel où les justes connaîtront un bonheur éternel.

Dans l'Islam

Dans la religion musulmane, le paradis ressemble à un lupanar : les hommes y seront habillés de vêtements luxueux, ils seront étendus sur des canapés couverts d'étoffes soyeuses, ils auront des pierres précieuses, des jeunes vierges aux grands yeux (houris) pour assouvir leurs besoins sexuels, des arbres aux fruits délicieux, des rivières de lait, de miel ou de vin, et de beaux jeunes hommes pour les servir… Par contre l'enfer, qui est désigné sous deux termes différents, le premier « nâr » (feu) et le second « jahannam » ou « Géhenne ». Cet enfer à un caractère destructeur, et est rappelé souvent dans le Coran, les châtiments par le feu, qui occasionnera des douleurs terribles et répétées. L'enfer de l'islam est clos, fermé par sept portes et gardé par des anges, ce qui ressemble à la Géhenne talmudique des Juifs.

Chez les Géco-Romains

Le paradis et l'enfer sont des concepts qui existaient dans d'autres croyances, polythéistes, avant la Bible : chez les gréco-romains, au moins huit siècles av. J.-C., le paradis était désigné par « les champs Élysée », les « Îles des bienheureux » ou encore le « paradeisos ». Nous avons parlé au chapitre du judaïsme, des « emprunts » à diverses mythologies, et comme par hasard, les juifs devaient leur libération de l'exil à Babylone à L'empereur perse Cyrus II le Grand, qui dans sa résidence principale avait un grand et beau parc appelé « pairi daesa »…

En Mésopotamie

Chez les Sumériens, tous les hommes allaient en enfer après la mort, enfer qui était juste un endroit froid et morne où il n'y avait rien. Et les hommes qui recevaient l'immortalité des dieux allaient dans un jardin en hauteur (ciel), où poussent des arbres magiques, dont le fameux « arbre de la vie » que l'on retrouve avec des fruits défendus dans la Bible hébraïque (Genèse 2 : 8-9).

Chez les Zoroastriens

Dans le culte du Dieu Mazda, l'être humain est doté d'une âme éternelle et d'un libre arbitre. Après la mort, les âmes sont jugées et vont soit directement au ciel (Maison des chants à la lumière infinie), soit au purgatoire (Maison du Druj) pour y être punis avant de rejoindre le ciel.

En Perse achéménide

En Perse, il n'y avait pas que le culte du Dieu Ahura Mazda, lors des règnes achéménides d'Artaxerxès II et d'Artaxerxès III, vers 400 et 350 av. J.-C., on pouvait trouver d'autres divinités aux côtés de Mazda, telle la déesse Anahita ou Tishtrya voire encore le Dieu Zurvan, qui serait le père d'Ahura

Mazda. Cette théologie croyait également à la subsistance des âmes après la mort. Dans ce culte, les âmes sont jugées sur un pont du nom de « Cinvât », les bonnes âmes jouiront de félicités, d'autres iront en enfer, et d'autres encore seront reléguées dans un état intermédiaire appelé « Hamêstakân ». À la fin du monde, tous vont ressusciter, les justes recevront du lait et ceux qui ont péché subiront « l'épreuve du métal fondu », ultime torture qui doit les purifier. À la fin, tous seront sauvés à quelques exceptions près. Lorsque l'on étudie toutes ces eschatologies, on y trouve de nombreux points communs avec celles des trois monothéismes, l'âme éternelle, pardon universel, bonheur du ciel, purgatoire, tortures de l'enfer, tout cela se retrouve adapté aux cultes plus récents.

L'ineptie du diable

Lucifer, Satan, Saytan, Sheitan, Iblis, etc., ces démons sont dans les trois monothéismes et dans d'anciennes mythologies, des parties sombres qui évoquent le mal. Alors qu'en principe, ces religions mènent vers la quête du bien, étrangement, Dieu, qu'il soit Yahweh, Jésus ou Allah, laisse le mal s'installer parmi les hommes, qui sont pourtant sa propre création. Dans le judaïsme, l'être qui incarne ce mal s'appelle Satan ou en hébreu « Sâtân » qui étymologiquement, voudrait dire « ennemi » ou

« adversaire » (Psaumes 38 : 71 et 109 – Zacharie 3 : 1 – 1 Chroniques 21 : 1 – Job 1 : 2). Satan est aussi appelé « Lucifer » (Job 11 : 17 – Esaïe 8 : 12), mais cela semble, selon l'histoire, être une copie d'une légende babylonienne : un roi tyran de Babylone, nommé « Lucifer », qui voulait selon la légende, égaler Dieu est signalé dans sa chute comme « la chute de l'astre brillant du matin », histoire qui revient selon une adaptation dans la Bible version latine, comme la chute de Lucifer, l'ange de lumière déchu. Dans les Nombres 22 : 22-32, Satan ou Lucifer est identifié à un ange avec une épée, envoyé par Dieu pour remettre un certain Balaam, fils de Bejor, dans le droit chemin, car il croyait à plusieurs divinités. Mais encore une fois, grâce à l'archéologie, on sait que l'histoire de Balaam de la Bible, est une copie adaptée d'une vieille légende jordanienne, découverte sur le site de Deir Alla, gravée sur un mur ou une stèle, car retrouvé sous forme de débris, que les archéologues ont assemblé comme un puzzle. Ces écritures ont été datées d'environ 1000 ans av. J.-C., et il est certain aujourd'hui, que dix siècles av. J.-C., la Bible hébraïque n'existait pas encore. Mais il y a au sujet de Satan ou Lucifer, de nombreuses contradictions dans la Bible, des signalisations et des significations différentes : dans la Bible hébraïque, le mot « Sâtân » peut également être un verbe, mais sa signification est problématique, car sa racine « stn » n'a pas d'équivalent dans les autres langues sémitiques autres que l'hébreu biblique. Les chercheurs dans ce domaine supposent que la racine « stn » peut vouloir dire, selon le contexte du récit, « être un adversaire », ou « accuser... » Dans Samuel 29 : 4, les Philistins qualifient le roi David de « Sâtân », ou « adversaire militaire ». On trouve aussi dans la Bible, un Satan avec une fonction judiciaire, comme accusateur, et qui comme dans l'histoire de Balaam, n'agit que sur l'ordre de Yahweh. C'est dans 1Chroniques 21 : 1 que l'on trouve un « Satan » qui incite David à faire un recensement de son peuple, alors qu'encore une fois, c'est Yahweh qui est à l'origine de ce recensement. Il y a donc un transfert incompréhensible de responsabilité de Yahweh à Satan, une des bizarreries de la Bible.

C'est à l'époque hellénistique, à partir de 323 av. J.-C., que probablement sous l'influence des religions Perses et du Zoroastrisme, que la « démonologie » semble se développer : dans le Livre des Jubilées 23 : 29, Satan apparaît comme le nom d'un démon. Mais la littérature de cette époque cite aussi d'autres démons : Asmodée (Livre de Tobie), ou Azazel (Livre d'Hénoch 8 : 1-2). Dans le Livre des Jubilées 23 : 29, c'est surtout « Mastema » qui dirige les esprits démoniaques. Et dans certains manuscrits de Qumran, les « puissances des ténèbres » sont représentées par

« Belial » (il est cité 27 fois dans la Bible, parfois sous le nom de « Beliar »). Cependant, dans le judaïsme, les Sages de la Mishna (1er recueil de la loi juive) mentionnent rarement Satan, il y apparaît comme une force du mal impersonnel. D'un autre côté, chez les « Amoraïm » (docteurs ou savants du Talmud), Satan développe une identité propre et il est responsable de tous les péchés dans la Bible. Quant aux sources rabbiniques, elles identifient Satan au serpent du paradis terrestre, l'Eden (Sanhédrin 29a), ou comme responsable du veau d'or (Shabbat 89a). Et enfin, pour conclure le chapitre hébraïque, dans la Torah d'Israël, l'autorité de Dieu ne se partage pas, et en ce sens, le « diable » n'existe pas, même s'il existe une instance appelée « le Sâtân », qui ne serait pas un nom propre, mais une fonction.

La tradition chrétienne reprend le Satan mentionné dans le livre de Job, selon Isaïe et Ézéchiel, il est signalé comme le chef des anges déchus, et dans les Évangiles, Jésus qualifie le diable de « Prince de ce monde ». Selon l'enseignement du catéchisme de l'Église catholique romaine, les anges furent créés par Dieu pour être bons, mais certains devinrent mauvais et se rebellèrent contre Dieu, acte de trahison impardonnable qui causa la déchéance et la chute fatale de ces anges. Dans le christianisme, le diable reçoit aussi plusieurs noms, Satan, Lucifer, Belzébuth, le Prince de ce monde, le Prince de l'enfer. Dans le Nouveau Testament, Satan est aussi identifié au serpent tentateur de la Genèse. Au Moyen-âge, il est aussi appelé « Méphistophélès ». La tradition chrétienne dit que Lucifer était le premier ange, le plus sage et le « porte-lumière » (« Lucifer », étymologiquement en latin Lux-Luci, qui signifie « lumière » et « fer », veut dire porteur », ce qui ferait de Lucifer le « porteur de lumière »), et les explications à son sujet frisent parfois l'absurde, comme « le commerce des anges avec les filles des hommes » (Justin 2Apologie 5 : 2). Et enfin, il y a la version qui est également reprise dans l'Islam, qui est la jalousie de Satan à l'égard des hommes.

Pour conclure ce chapitre, quelques réflexions

Pour qu'un enfer ait une raison d'exister, pour « punir » après leur mort physique ceux qui ont fait du mal sur Terre, il aurait déjà fallu que le monde soit parfait, hommes et nature. Or, ce monde est imparfait, le mal se partageant autant que le bien, la nature étant si belle et pourtant parfois si cruelle, et l'homme est aussi une créature imparfaite malgré la complexité et la beauté de sa composition anatomique et de ses possibilités créatives. Il est difficile à croire qu'un Dieu créateur de l'Univers et de tout ce qui existe, un Dieu plus que parfait, puisse créer de l'imparfait en étant omniscient. Il savait d'avance qu'Adam et Ève allaient lui désobéir, et commettre le premier péché, suite à la tentation du diable qui avait pris l'apparence d'un serpent, tout comme il savait que le diable allait les tenter et réussir son coup. C'est donc absurde !

Et puis, il y a les incohérences : Satan, a-t-il vraiment menti à Ève dans sa tentation ? Dieu dit à Adam, « de tout arbre du jardin (l'Eden), tu pourras manger, mais de l'arbre de la connaissance du bien et du mal, tu n'en mangeras pas, car un jour où tu en mangeras, tu mourais » (Genèse 2 : 16-17) Ensuite, lors de la tentation, Ève dit au diable/serpent, qu'il lui est interdit de manger de cet arbre sous peine de mourir. Et le « serpent » répond (Genèse 3 : 2-6) « Vous n'en mourrez pas, mais Élohim sait que le jour où vous en mangerez, vos yeux se dessilleront (expression qui veut dire "prendre conscience de la réalité"), et vous serez comme des dieux, sachant le bien et le mal. » Est-ce une tromperie, ou Satan leur dit la vérité ? Et puis cette histoire d'arbre n'est pas toujours très claire : il semble qu'il y ait deux arbres spéciaux, « l'arbre de la connaissance du bien et du mal. » (Genèse 2 : 9 – Genèse 2 : 16-17) et « l'arbre de vie » Genèse 3 : 3-4)

Le plus logique, est que l'enfer, le diable, « Satan », « Lucifer », « Sheitan », « Iblis », sont des mythes, issus de légendes de civilisations et croyances plus anciennes, copiées et adaptées aux trois monothéismes. Il y a une citation attribuée à Saint Irénée, un des pères de l'Église chrétienne, qui dit ceci : « L'égalité ou la ressemblance ! Dieu s'est fait homme pour que l'homme se fasse Dieu. » Moi, je dirais plutôt, « L'homme s'est inventé des Dieux pour son utilité, pour régner sur d'autres hommes, voire encore, pour ressembler à un Dieu ».

Épilogue

La foi est un sentiment puissant, qui peut mener un croyant de la plus profonde bonté et sagesse, à la pire des radicalités, pouvant faire de lui un extrême criminel. C'est pourquoi je pense qu'au XXIe siècle, il est temps pour l'homme de revoir ses croyances, celles d'un Dieu unique, ou celles du polythéisme, et d'ouvrir les yeux, de se poser les bonnes questions, et surtout, d'oser se les poser. L'histoire du monde, et encore les actualités d'aujourd'hui, montre que les religions n'ont pas toujours été synonymes de paix et de sagesse, et encore de nos jours, des crimes atroces sont commis en leur nom. J'ai pour habitude de dire que croire en Dieu est une chose, croire aux livres écrits par des hommes en est une autre, et le croyant devrait se faire un devoir de vérifier ces écritures, qui à la lecture sans voile (sans mauvais jeu de mots), de textes qui parfois frisent l'incohérence ou l'absurdité, montrent clairement qu'ils ne peuvent émaner d'un Dieu créateur du monde.

Ceci dit, loin de moi de vouloir choquer qui que ce soit, ou quelque soit la croyance, je donne juste un avis que j'estime logique et rationnel, le fondant sur l'histoire et les traditions religieuses démenties, elles-mêmes, par la science contemporaine et les historiens laïcs que sont les nombreux chercheurs modernes. Ces derniers appliquent une méthodologie scientifique de l'archéologie moderne générant un véritable savoir sur le passé, et non la simple expression d'un dogme.

Jean-Pierre Demol

Table des matières

Imprimé en Allemagne
Achevé d'imprimer en décembre 2021
Dépôt légal : décembre 2021

Pour

Le Lys Bleu Éditions
40, rue du Louvre
75001 Paris